壇經講記

釋繼程 著

〔自序〕《壇經》講記

陞壇說法為六祖　一花五葉自然成
以經傳世如佛陀　歷代祖師稱唯一
開講自性清淨義　定慧不二直心道
能記整體法深義　故可化繁為簡易
序壇經講記
丙申臘月廿二　太米　健程并題

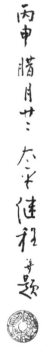

目錄

前言

講到《六祖壇經》，我們知道，這是佛教裡一部很特殊的經典，因為在中國人的觀念中，經典就是聖人的話，即「聖言量」，一般只有佛說的話才能稱為經典，其餘的都是論典，而在中國還有所謂的語錄、偈頌、禪詩等著作，但這些都不能稱為經典；只有《六祖壇經》，是在佛陀之外眾多的祖師、論師、禪師的著作中，唯一被稱為經典的一部書，可見它在佛教裡，尤其在中國佛教系統中的重要性了。

《壇經》有好幾種版本，而現存最早的版本，是在敦煌發現，所以稱為「敦煌本」。這個版本發現後，對於《壇經》在學術上的研究發展產生了很大的影響，而且這個版本後來經過印順導師精校，印老依其原本的內容做適當的編輯，並重分章節，所以在「《六祖壇經》綱要」表中，數目字所代表的就是印老〈精校敦煌本壇經〉的章和節。這次禪期與各位分享《壇經》與六祖思想，參考的就是這個版本。

《六祖壇經》綱要

依據：印順導師〈精校敦煌本壇經〉
《華雨集》第一冊，頁 407 至 490。

繼程法師　編

<table>
<tr><th></th><th>綱要</th><th>內容</th><th>章節出處</th></tr>
<tr><td>1</td><td>禪的祖師</td><td>一花五葉</td><td>上編（一）</td></tr>
<tr><td>2</td><td>禪的思想</td><td>自性清淨</td><td>（三）一；（四）一；（五）三；
（一一）七；（一二）一、二、三、四</td></tr>
<tr><td>3</td><td>禪的境界</td><td>定慧一體</td><td>（三）二、三、七</td></tr>
<tr><td rowspan="2">4</td><td rowspan="2">禪的方法</td><td>一行三昧</td><td>（三）四、五、六</td></tr>
<tr><td>坐禪、禪定</td><td>（五）一、二</td></tr>
<tr><td>5</td><td>禪的法門</td><td>無念無住</td><td>（四）二、三、四、五、六</td></tr>
<tr><td rowspan="2">6</td><td rowspan="2">禪的皈依</td><td>三身佛</td><td>（六）一、二、三、四、五、六、七</td></tr>
<tr><td>無相皈依</td><td>（九）一、二、三</td></tr>
<tr><td>7</td><td>禪的宏願</td><td>發願懺悔</td><td>（七）一、二、三；（八）一、二；
（一三）一、二</td></tr>
<tr><td rowspan="2">8</td><td rowspan="2">禪的般若</td><td rowspan="2">般若三昧</td><td>（一〇）一、二、三、四、五、六、
七、八</td></tr>
<tr><td>（一一）一、二、三、四、五、六</td></tr>
<tr><td>9</td><td>禪的功德</td><td>平等直心</td><td>（一五）一、二、三、四</td></tr>
<tr><td>10</td><td>禪的西方</td><td>唯心淨土</td><td>（一六）一、二、三、四、五、六、七</td></tr>
<tr><td rowspan="2">11</td><td rowspan="2">禪的偈頌</td><td rowspan="2">滅罪無相</td><td>（一四）一、二、三</td></tr>
<tr><td>（一七）一、二、三</td></tr>
<tr><td>12</td><td>禪的傳承</td><td>曹溪山水</td><td>下編</td></tr>
</table>

註：1.（一）括號為章，一、二、三為節。
2. 原編於 2015 年 6 月 13 日，法鼓山園區禪堂，僧眾禪二十一，修訂於 2017 年 3 月 6 日。

目前《壇經》的常用版本，除了「敦煌本」外，另一個則是「宗寶本」。這個版本是在元代重編的，相較於「敦煌本」，「宗寶本」的內容更為豐富，增加了好幾卷，但其源頭仍是以「敦煌本」為本，除六祖生平外，另外再加入關於六祖生活軼事的描寫，這些增加的內容，也是有根據的，或是取自《高僧傳》、曹溪大師傳記，或是根據一些碑文內容，從而建構出六祖豐富的生活面貌，並增添了可看性。

至於「敦煌本」對於六祖生平的介紹就比較簡單，這部分在《壇經》裡屬於序分，寫法類似經典中我們很常看到的開頭「如是我聞。一時，佛在……」，內容則取材自惠能大師在某些場合，以及若干次的說法裡，對自己的生平所述。他的弟子把這些內容記錄下來，輯錄於《壇經》，我們可以從這些內容，對六祖的生平有概略的認識，不過因為敦煌本的描述很簡單，所以如果要對六祖生平有更深入的認識，就要參考後來的版本。而這部分並不是真正說法的部分，所以在印順導師的精校本裡，將其歸納在上編，和描述六祖如何度化十名弟子的附編內容集結在一起。至於附編的內容，原本《壇經》是在後半部才講述到，印老則做了順序上的調動，放在上編，使其更符合經典序分、正宗分、流通分的次第，所以閱讀印老的〈精校敦煌本壇經〉，就會像閱讀其他佛教經典，分為三個部分，第一部分是六祖生平，第二部分是最重要的，也就是《六祖壇經》的主要內容，第三部分則可類比為流通分。

至於這次禪期中所講的內容，都是第二部分最主要的內容，從第三章到第十七章，每一章裡還有好多節，因為我借用的是印老的精校本，所以也參照他的章節，條列出來方便各位閱讀，而如果要做更深入的研究，在學術界裡還有相當豐富的資料可供參考，因為研究六祖乃至於研究《壇經》，是學術界很重要的一個課題，所以不論是與禪宗有關甚或無關的研究資料，很多都有涉及到這個部分，有興趣的同學可以再深入研究，至於我們只要把精校本的主要內容做適當的解讀即可。怎麼解讀呢？是我幫各位先消化一下，過程中我自己吸收了一些，至於各位有沒有吸收呢？這可能要在你們回去後各自再閱讀，才能知道吸收得好不好。我們讀經也一樣，有些人讀經，讀得法喜充滿、智慧增長；有些人讀經，讀到最後卻是整個腦袋都塞住了。之前我們也提到，有人讀經只是不斷地消費他所讀的東西，而沒有真正地應用它們。由此可知，每個人都有不一樣的消化、吸收，與應用的能力，學習佛法亦然。當吸收了知識後，接下來的重點就是看我們能不能消化它，使之轉化為我們的知見，接著還要去實踐它，最後則要把它轉變為我們的智慧，並且能夠很自然地運作，這就是聞、思、修的過程。

我們現在學習《壇經》，也正是在這個過程裡。一開始學的是知識。敦煌本《壇經》的文字很淺，而精校本還幫它做了很多文字上的修正，因為當初的手抄本，手抄者有些甚至是不識字的，他們就只是照著古本抄，所以常常會抄錯字，使得印順導師在精校時，必須拿不同的版本對照，從中找出最適當的用字，另外發現有漏字了，也要把字再填回去，甚或有時是發現多寫了字，那就要把它抽掉。此外，他也發現敦煌本裡還雜揉了神會系統與南方宗旨的思想，以及少部分後人增添上去的內容，這些部分印老還是將其保留，只是用不同的字體，以便於區辨。經由這樣縝密地精校，印老還原了《壇經》原始版本的面貌，而他經歷了這樣的過程，必然對於《壇經》的研究及體會相當深刻，所以我們就借用他的版本，來幫助我們學習。

事實上，包括日本學者在內，有不少人投入《壇經》的校訂，而我們選擇印順導師的版本，這一方面是因為他跟我們同文同種，年代也最靠近，又是近代佛教思想上相當重要的一位大師，在文化上，是一位出家法師，種種原因使得我們對他最有信心，這就是我們在這次禪期選擇以精校版學習《壇經》的一個背景，也順道在此針對這個版本做大略的介紹，同時幫各位做初步的消化，各位有興趣，回去後可以找出這個版本做更深入地學習，消化出屬於你個人的體會。

〈第一講〉

禪的思想：自性清淨

惠能大師提出禪宗中心思想，就是自性清淨。
當了解心有本然性的功能與作用，
我們的修行方向就很明確了。
假如我們能當下覺悟，當然是最好；
若不能當下覺悟，
那就要「時時勤拂拭，莫使惹塵埃」，也就是漸修了。
這是深入六祖說法與修行體系的基礎。

《六祖壇經》雖然是中國祖師所說的話，但它並不離根本佛教的事相，因此它與佛法的各種觀念，有其一脈相承的連貫性，換句話說，這部經典並不是突然出現的，在談它的內容時，自然不能夠離開根本的佛法，因為離開了根本佛法，那就不是佛法了。另一方面，我們也知道，佛陀說法有深有淺，有時我們會說，世間一切微妙善法，一切對止惡行善、自淨其意的修行有所作用的，都可說是佛法，不過這一類是屬於比較對治性，較針對個別根性而契機的說法，但佛法必然有其最根本、最中心的觀念，而能夠被稱之為「經典」者，自然當屬於根本，所以對《六祖壇經》的認識，就要著眼於這個根本來了解。

以「眾生皆有佛性」為根本

《六祖壇經》有一個非常重要的佛法根本事相，即這部經典，是根據大乘佛教所謂「一切眾生皆有佛性」的觀念所建立起來的。這是大乘佛教最核心的事相；然而從緣起的角度看，這樣的一個事相，放在不同的事相體系裡，就會有不同的解釋，儘管有的事相體系，並未直接談到佛性的問題，但大乘佛教幾個重要的系統，多少觸及到這個問題，有的是直接切入佛性，強調佛性以有情為本，有情的功能則體現在心的作用上，因此，心就是一切法的根本，即「唯心所現」。有的體系則是談整體的法，例如四念處中提及的「觀心無常」、「觀法無我」，其中的「心」和「法」有其不同，而「法」的範圍較「心」更為廣闊。在此要知道的是，四念處的「觀」是有次第的，首先觀身，即身體的覺受，此處就與意識的作用產生關係；接著再深一層談心；最後談得最廣，即法。循著觀的次第，自有深和廣的不同，而法的範圍是最廣的。雖然此處談的是至深至廣的法之本性，但因為最後還是要通過人或有情來修，所以又必須扣回到談論心的本性，由此可見法與心雖屬二元，實則互攝互融。

綜上所述，在大乘佛教的思想裡，有側重於談法者，因此出現各種談法的論典，內容主要論述如何區辨「法」與「法性」。以《辨法法性論》為例，論中的「法」指的是一切法，即所顯現出來的一切現象，較偏向於事相的說明；「法性」則是法的本性，屬於比較內在與理性的層面。

不過要注意的是，在不同的論典中，有時法含攝了法性，有時則否，而近代印順導師在《佛法概論》中分析法時，則提到法可分為從語言文字上了解，即「文義法」；再者是透過心識、意識與種種知能去了解，即「意境法」；當明白了上述一切法，就能夠知道法的本性，此時就能見到「真諦法」；而見到了真諦法後，就要修「中道法」，最終得到解脫，即「解脫法」。這後面的真諦法、中道法、解脫法，再統歸稱為「皈依法」，取學佛人修行所皈依之意。

而在這整個次第之中，還是需要先通過經典、論典，以及各種語言文字的傳達，輔助我們理智洞開，這是文義法的作用；此外還要通過我們的意識，去了解、接觸一切的意境法，從中觀察，方能見到法的真諦，然後才知道該怎麼修行，如何解脫。

儘管對法的解釋，各個系統各有不同，一旦進入到真諦法、皈依法，就必然與修行產生關係，而修行又必須要回到個人身心，其中又以心為重。所以談到修行，就一定要談修心，了解心有什麼樣的功能，方能幫助我們完成修行。

初期佛法在談心的時候，較偏重個人的解脫，此外也談到凡有情皆具有解脫分，也就是解脫的能力，此處講的實際上就是心的功能，而後隨著佛法含攝的內容愈來愈廣，到後期佛教就屬於三乘共法的解脫道了，我們都很熟悉的「發出離心」，這個出離的心就具有解脫的能力，通過修行，即能得到解脫。而從大乘佛教的角度言，心具有覺悟的功能，此功能即是佛性。我們說佛即是覺悟，所以心的本性，就是佛性。人若是成就了佛道，就是證得了佛果，而要證得佛果，前提就是要具有能覺悟的心，也就是佛性，所以「一切眾生皆有佛性」，就成為大乘佛教的根本核心。

修行是處理身心與現實世間的問題

大乘佛教系統或有不同，但皆不離以闡釋佛性為本，而這當中面臨的一個主要問題，即是上述談到的「法、法性」之相對問題，或稱「現象、本性」、「事相、理性」之二分問題。

以現象的觀察為例，論典在現象的觀察上談了很多，篇幅亦可觀，像大乘論典《瑜伽師地論》、《大智度論》漢譯本，都有一百卷之多，說一切有部的《大毘婆沙論》，則有兩百卷。附帶一提的是，根據一些研究資料顯示，《大智度論》的梵文本，有可能多達三百卷。雖然實際上是否真有那麼多，在目前僅剩漢譯本流傳的情況下已無法確知，但退一步想，經過簡要濃縮的漢譯本仍多達一百卷，這樣的篇幅也是很浩繁了；而經典亦不遑多讓。最大部頭的《大般若經》有六百卷，《華嚴經》則有八十、六十、四十卷不同的版本。閱讀這些經論時，深深覺得經師、論師們能夠閱讀、吸收那麼多佛教的珍貴思想，爾後還可以集結、編寫，將這麼大量的思想瑰寶傳承予後世，他們真的是太厲害了！這些經論都屬於文義法，其內容涵蓋了「蘊、處、界」，即五蘊法、十二處、十八界。早期佛法談界，是指地、水、火、風、空、識（六界），至大乘佛教時期則發展為六根、六塵、六識（十八界），而所有經論的內容，都和我們的身心與現實的世間有關，關於這一點，從四聖諦的角度來看亦然。

四聖諦也是偏向談「苦、集」的因果輪迴，當中所觀察的世間現象，主要就是要讓人對苦有更完整的認識。根本苦即五蘊熾盛苦，人有了身心，當身心在輪迴的時候，就是苦。四聖諦中談那麼多的苦，就是要讓我們知道，人必須尋求解脫，要解脫，就要對身心狀態有所分析、了解。

論典裡分析人的心，有所謂「心所法」，也就是心理的功能。心理功能在所有法裡的占比最多，以《百法明門論》為例，百法裡的心所法就占了五十一個，此外，心識的作用，也歸納在心法之中，而在心所法裡，又以煩惱的心所法講得最多，若與我們在現實中的身心狀況互相參照，就會發現，現實生活中，確實也是苦多樂少；若是在惡道裡，那更是苦多多，樂少少；至於在地獄裡，尤其是無間地獄，那就幾乎沒有樂可言，只要有一剎那不受苦，就是樂了。一言敝之，地獄真的是太苦了！

相反地，百法中談及樂與善的部分，雖不是沒有，但較之於惡與煩惱，那就少很多了。在這樣的狀況下，人和有情，要怎麼用功修行呢？

觀察人現實的身心狀態，顯現出來的，大多是屬於負面、雜染的作用。衡諸我們的日常生活，也是如此地運作著。人們生活在一起，以及人際之間的交往，似乎總是煩惱多過快樂。各位一定都有這樣的經驗，和一群人聚在一起討論事，談了好幾個小時，談到最後，問題不但沒有獲得解決，還把大家的煩惱都談出來了。明明大家都想把事處理好，可是當你發現別人的意見跟自己的不同時，你的煩惱就出來了，雖然你也知道自己的看法未必正確，可那當下就覺得非堅持不可。

當諸如此類的煩惱起現行，我們若能客觀冷靜地觀察現象，面對問題，就會覺察到人的身心與人際往來，其實大多都處在類似的狀態中，這就是為什麼修行人要減少人事往來與對外在追逐的原因了，可是多數人並未覺察到這一點，於是就覺得佛法的修行是一種很特殊的行為，認為它是跟世間逆向而行的，而有的修行人在教導佛法時，也會特別指出這一點，強調人若順著世間走的話，就是順著煩惱而行，既然人舉心動念都是煩惱、惡念，那就得要戰戰兢兢地學習，所以修行必須逆著世間運作的方向才行。

修行，就是逆世間法而行

可是要逆世間而行，我們做得到嗎？我們有這樣的能力嗎？要回答這個問題，就要先探討人的心性。

先前我們一直在談貪、瞋、癡的煩惱，這三者又稱為三惡根、三毒，尤其「毒」這個字眼，真的是相當有力，因為一毒，人可能就死了；相對於三毒、三惡根，人有無貪、無瞋、無癡的可能嗎？從心性的角度看，答案是肯定的。人的心有相對於煩惱的作用，其相對面就是善心所法，例如與「疑」相對的就是「信」，信則是偏向清淨的，好比前述提到的「皈依法」，我們若是要皈依，就一定要對「真諦法」生起信心才行。總而言之，雖然我們談到心有許多不好的作用，但又發現，與之相對的，就是好的作用，這就表示心是兩面的。

至此我們又面臨了一個問題：人的心在正面與負面、善與惡的相對運作中，為什麼大部分顯現出來的現象，會是朝往負面、惡的方向？是環境的問題？還是心的作用出了問題？如果是環境的問題，那我們試著改變這個環境，是否能讓情況好轉？

佛教的典籍中，很大篇幅是環繞在討論這些問題上，討論到最後，提出了「覺」，即有情的心，具有解脫的能力，也就是「解脫分」。大乘佛教亦提出了「眾生皆有佛性」；這一點我們大家都接受，因為如此，人生才有希望，能朝往解脫的佛道邁進。至於這個作用，是人的心本來具足的，還是後來加上去的？從現象上看，人似乎多是順著煩惱的方向走，因此要朝往清淨解脫的佛道成就，就要逆向而行；要逆向而行，心必須要有力量，這力量是人本具的，而在修行的過程中慢慢凝聚。至於凝聚它的力量又是從哪來的？是靠什麼來引導它，使我們走上修行之路？這些都是哲學上要思考的問題。

眾生本性，是染是淨？

從唯識的角度，它較偏向於分析現實的狀態，認為修行就是要應用各種方法來修練自我。在此各位可以思考一下，這樣的修行方法，要如何成就呢？如果人的心大多偏向負面煩惱，而心又可通過修行的方法，使其藉著一質變的過程，獲得一根本上的改變，這有可能嗎？假如是可能的，那我們這顆基本上是煩惱的、本性上是不好的心，以及因此而顯現出各種不好的現象，我們又要如何把這種種惡改過來呢？

所謂「本性」，即是本來就有的功能，它應具有本然性、普遍性與安定性，換言之，它不可能被改變的，然而它竟然可以完全地被改變，那它還算是本來就有嗎？再換個角度討論，修行之所以有成就的可能，是因為人的心，也本然性地具有清淨的作用，若是如此，那麼何以心的雜染作用，又這麼強呢？我們的心，是從何時開始，逐漸變成現在這個惡念煩惱不斷的模樣呢？

綜合上述所談，又出現了一個兩難：如果說心本來是清淨的，那為什麼我們看到的心，卻又大多是雜染的？從雜染的角度看，這心應該是本惡的，而這本惡的心，我們要怎麼去改變它，使它從不好的變成好的呢？

常言道「江山易改，本性難移」，從前的江山，指的是一個朝代，各位看中國的朝代，一直不斷地更迭，在秦代之前，國家結構尚未出現，江山較不穩固，但即使國家結構出現了，秦代卻也只存在了數十年，漢代較長，也只有兩、三百年之譜。江山終究是易改的；但幾百年過去，本性卻仍難移，而如果這本性又是不好的，這可讓想透過修行求解脫的人們，不知該怎麼辦才好了。

所有的修行，在這裡都遇到了一個很難處理的問題，也是一個最大的障礙，即思惟上的障礙。因為所有的思惟，一定落兩邊，落在相對；所有的語言文字也是如此。你只要提出任何一邊，就必然可以從與之相反的另一邊，來和你辯論。而在辯論的過程中，主要看的是誰的因明學，也就是辯論的技巧比較高超，誰就可以勝出，然而勝出的未必是真理，真理不一定是愈辯愈清的。

佛法真理能辯輸贏嗎？

佛教在印度流傳期間，我們即可發現印度人好辯的特質。佛教興旺時，佛陀也曾和許多外道辯論過，而佛弟子中，最會辯論的，就是舍利弗，因為他在皈依佛前，也是外道，所以對於其他的教派，他非常了解，也因此辯論時總能把對方辯倒，讓他們來信佛。

在佛教不斷發展的過程中，龍樹菩薩可說是天下第一辯論家，他提倡的系統稱為

「中觀」，即「破、顯、正」，簡言之，就是把所有的學說破完了，正法就能自然顯現，這就是他所採用的辯論方法。他的弟子提婆菩薩更厲害，幾乎把印度當時所有的教派都辯倒了，後來提婆菩薩提倡大乘，辯論的範圍也擴及小乘的部派佛教，當然還是他辯贏了，於是大乘佛教就興旺了起來。當時佛教有很多寺廟，辯論風氣非常盛行，以最具規模的那爛陀大學為例，學生動輒一、兩萬人，教學時會將他們分為五個門，學生們都要在當中辯論，五個門都有辯主，玄奘大師當年也擔任過，當年他甚至還辯贏過一個外道的論師，因為他們辯論時是以頭做賭注，這個外道論師輸了，就說要把頭給玄奘大師，玄奘大師說佛教不殺生，所以不收，這個外道論師就轉而做玄奘大師的奴僕。

玄奘大師辯贏外道的事傳開了，後來又有一個外道要來找他辯論，但他因為不了解這個外道的思想，不知如何與之辯論，於是就偷偷地和做為他奴僕的論師學習，為什麼要偷偷呢？因為印度的身分地位階級區分得非常嚴格，所以他不敢讓別人知道，只好趁晚上偷偷地學，當他學會了向他提出辯論挑戰的外道思想後，他再度辯倒了對方，辯論後，他跟教導他的外道論師說：「你是我的老師，我不能再讓你當我的奴僕了。」這才解除了當初辯論時兩人的約定，恢復了他論師的身分。

就我們來看，不論佛教辯輸、辯贏，它都是真理；可是在印度後期，曾經相當興盛的大乘佛教因為論師們逐漸凋零，此時有個叫吠檀多的重要教派，前身是婆羅門教，後來改稱為興都教，也就是今日的印度教，這個教派出現了一位叫商羯羅的論師，他把許多佛教的思想都辯倒了。印度人的規則是，如果辯輸了，你的叢林、寺廟，就要歸給贏者，所以到後來，當興都教復興了，很多的佛教寺廟都不敢開門，因為他們沒有論師，當遇到興都教的辯論挑戰，佛教幾乎都辯輸，也因此很多的佛教寺廟，就這樣歸給了興都教。

從佛教的角度看，興都教當然不是真理，可是它辯贏了。直到現在，若是要談中觀、唯識，我們可能都還辯不過印度這些非佛教的論師，為什麼呢？因為他們懂梵文，那是他們的母語；而我們還得先學習梵文。很多梵文的資料，我們無法了解得像他們那麼深入，所以像中觀這類源自印度的思想，他們似乎知道得比我們還透徹，而你說誰是真理呢？誰是究竟呢？若從因明的角度看，似乎所謂的究竟，完全靠的是辯論技巧。

辯論本身對修行有幫助嗎？

由於印度對因明學的重視，出現了許多相對性觀念的論辯，不論是佛教，還是外道各個教派，都是如此。這些辯論是拿來做什麼用的？僅僅是為了辯論本身嗎？那就變成戲論了。雖然各種辯論形式，都有很嚴密的系統，可是如果你的技巧用不上，或是你還找不到足以支持你的論點，當然你就辯輸了；可是辯論本身對修行有幫助嗎？有一些是有幫助，但很多時候，它也就是一種顯現出相對性的理論而已；但是修行的關鍵並非在此，而是在於我們的心，能夠解脫。但另一方面，我們又知道，當人體驗到解脫時，這是語言文字所無法傳達的；可是不傳達的話，又無法把這個訊息分享予眾生，因此，覺悟者又必須回到現實身心意境的作用上，以文義的方法，來傳達皈依法的訊息。

綜上所述，所有的理論、文字，在面對真正的解脫時，都必然面對相對性的局限與困擾。所以大乘佛教在講空時，才說出了「入畢竟空，滅諸戲論，言語道斷，心行處滅」，修行到了這個階段，種種心的意識、功能、作用都滅了，所有的語言、文字都斷了，簡言之，一切能用的方法，在真正的解脫前，都派不上用場了。然而解脫者在出畢竟空時，既要顯現各種方便、莊嚴國土，還要成熟眾生、弘法利生，此時所做的一切，又是在相對的意境功能之中，以相對的文義來說明其境界，因此就連佛陀在覺悟後，也曾思考要不要說法，因為通過語言文字，傳達出來的訊息，能聽懂的人，可能不多；但是不說法，又不能度眾生。這些都是修行人在面對理論的建設時，必然遇到的問題。

理論必落入相對性而不圓滿

基於度眾的悲心，祖師大德們建立了大量的佛教理論系統，也出現了大量的論典來說明這些系統；但由於理論的相對性，我們可能會發現，當說明了一部分後，就會有相對的一部分沒有說清楚，因此又必須連同這個部分也講清楚，可是講清楚了這個部分，又會發現相對於它的另一部分沒講清楚，因此，佛教教派本身，也產生了辯論，尤其大乘佛教從初期至中期這個階段，最受矚目的，就是中觀和唯識的辯論。如果我們現在把它當作學術來研究，就會發現裡面包含的東西，真的是太豐富了，有些學者或許可以通過文獻，從中爬梳出一些端倪和線索，但若是要基於這些資料來談，很多問題還是談不清楚的。

話雖如此，但理論上的學習，還是很重要的，因為其重點是要幫助學人釐清煩惱和雜染，而後能皈依、修行。龍樹菩薩正是因為發現了這點，因此儘管他建立起了龐大的大乘佛教體系，但他同時也提出了中觀的修行方法，也就是用不斷地破，破除一切相對，而後讓正法自然顯現。

其實各位也可以發現，禪修所用默照的方法，就相似於中觀這種破邪顯正的狀態，也就是把所有的雜染脫落了，清淨自然就顯現了，這是在心理上與修行上的一種所謂中觀的方式。但同時我們也發現，中觀還是用了許多的經論來說明其義，可見我們雖然不斷地在減輕、脫落所有的觀念與相對的相，但要做到這點，還是要先釐清很多的知見，因此就必須運用語言文字。換言之，修行仍需要觀念的建設。我們看中觀系統本身，也可發現，它在初期是沒有一個特定的中心思想的，但逐漸到了後期，它發展出一套類似唯識學的方式，有一體系做為其中心思想，做為以之和其他佛教教派乃至外道辯論。

但這又有個問題了：一旦有了中心思想，表示又有了邊站，那就不是中道了。雖然名之為中觀，好像是站在中間，可是這個中間也是整體中的一部分，可能是一半，甚至只是一個點，而這樣的中間，也是相對於邊才顯示出來的，所以也是相對相。因此，凡落到語言文字上，那真是讓我們的頭腦都亂了！而觀察世間的所有現象，莫不如此。

那麼讓我們回到更根柢的心性探討上。大乘佛法所云眾生皆有佛性，這清淨的佛性，是心本來具有的，而在修行的過程中所發揮的作用嗎？若是如此，它是以什麼為依據呢？以唯識學的角度論，它提出：「清淨法界，即是一切法的本性。」法界本身是清淨的，這清淨法界流露出的現象，即法界等流；至於心的轉化，乃緣於外在的因緣，當心隨著外在因緣觸到了清淨法界等流的作用，人就懂得要修行，所以修行便是順著這個清淨法界來修。

中觀、唯識家對心性之看法

不過唯識認為，說「一切眾生皆能成佛」乃方便法，實則並非一切眾生都能成佛，因為眾生有五種不同的根性，一者是只能證得阿羅漢果的聲聞種性，二者是只能證得辟支佛果的獨覺種性，三者才是能證得菩薩乃至佛果、成就佛道的如來種性，此三者是定性的，還有一種是不定性的，即第四不定種性，這類眾生還沒有熏成定性的種子，最後還有第五無有出世功德種性，這類眾生是定性的闡提，是不能成佛的。至於所謂的方便法，主要是針對不定性的眾生，和他們強調眾生皆有佛性，有助於其熏成佛種，而後來修行。

唯識的五種根性之說，很類似於印度的階級觀念，由於印度強調階級，因此才有這種不平等的說法；但如果佛法是究竟圓融的，當然一切眾生都能夠成就佛道，所以唯心的思想，又講一切眾生都能成就佛道；而至於中觀，講法性是空，眾生的心性也是空，所以證空即是成佛。

不過若聚焦在中觀上，這時又有個問題了：這個空是常，還是無常呢？似乎無常就是常，因為所有的現象，不斷地在變化，這是唯一的法則。換句話說，變，是唯一的不變；無常，是唯一的常，所以無常和常，究竟是分開的，還是一致的呢？從這個詰問，就產生了「真常唯心」的觀念，亦即所謂的如來藏思想，也稱為真如，其認為眾生的佛性即是常，眾生的心皆是真常不變的如來心、如來藏。

但「真常唯心」的觀念也面臨了一個問題：假如眾生的心是真常，本體即是清淨，那為什麼我們現在又會顯出那麼多的雜染相呢？中國佛教面對這個問題，提出了一念不覺，所以要參。參什麼呢？參一念未生前的本來面目。這就是話頭了。既然本來面目是清淨的，那為什麼會變雜染？又說一念不覺，那這不覺的一念又是從哪來的？為什麼會有這一念？真是讓人愈想愈頭痛。

因此，不論是哪一個佛教體系，不管講的是真常，還是無常，都有其理論上的局限，那該怎麼辨呢？還是要回到修行上，透過修行建立起相應於個人的系統。

禪修，建立在心本清淨之立論上

我們所用的禪修系統，較相應於真常唯心系，因為我們會建立一個真常的清淨心，也就是真如，修行時就是朝往這個方向修。因此，當我們用話頭，參一念未生前的本來面目，首先我們就會先確立一個假設，即心的本性是清淨、空的，以此做為修行的方向。所以我們也會說，這個心的本性，就是真我，也就是常樂我淨，此處的「我」是自在的意思，因為這個我能夠主宰，因此得自在。但若是從四念處觀，觀無常、不樂、不淨、無我，從理論上來說，這也是正確的看法，可是我們若是從這個角度來修行用功，修到最後證得的涅槃解脫，究竟是不是常呢？假如它是無常，表示它還會變化，還有生滅，也就是說，我們修到了，卻也可能會失去，煩惱滅了，也可能再生起。因此，四聖諦言「生滅滅已」，涅槃寂滅了，滅了就不再生，可是若滅了就不再生，這是常還是無常呢？假如解脫後還會有雜染生起，就好比我們的心，即使已修到了本來清淨，但還是有可能變得雜染，那我們何必修得那麼辛苦呢？

因此，我們在修行時，還是要先建立一個觀念，這個觀念就像童話裡所說的「從此過著幸福快樂的日子」，各位看我們都回到童話裡頭了！每個人都有童心，而童心是很天真、很清淨的，也因此可以從此過著幸福快樂的日子。我們當然也希望可以從此過上這樣的日子，不然我們為何要這麼努力辛苦地修行？可是這個童話般的「從此過著幸福快樂的日子」，它是事相上的，還是心理上的？這個問題是我們用功修行時，必然要面對的。

惠能大師建立自性本淨之思想

禪宗惠能大師解決這個問題的方法，我們從《六祖壇經》中即可得見。他的立論很簡單，即是要先建立一個中心，這個中心就是「自性」，而自性是本來清淨的。由此觀之，我們會覺得惠能大師似乎是偏向如來藏的系統。其實，從整個中國佛教的體系來看，不論是華嚴、天台等宗，大多是從真常的角度建立觀念，且側重於講圓融，所以普遍被認為偏向於如來藏，也可以說，這是中國佛教的一個特色。

再回到禪宗上。禪宗講自性清淨，但面對心顯現出來的各種雜染，它是怎麼處理的？禪宗的處理方法，即是把事和理貫通；換言之，禪宗認為事和理是一體的。所謂一體，意指顯現出來的現象，是短暫的現象，而本性的清淨，則是恆常、沒有改變的，至於這雜染現象和恆常本性之間的關係，即是一體。再進一步解釋，心顯現出來的各種現象及惡業，都屬於造作，此謂之「事」；但儘管心處在種種造作的狀態裡，但它只是現象上的雜染，其本性仍是清淨的，此謂之「理」，而要貫通事和理，其間就需要有一個作用，這個作用就是迷和悟。當心處在迷的狀態，現出來的就是雜染；而如果一念悟了，即是清淨。此處所謂的雜染，並不是真正的雜染，而是因為迷所造成的現象，至於心本身並沒有分別，其本性是一致、一體的，只有在運作的過程中，才有迷悟的作用。

禪宗的修行，只要你一念悟，悟到自性清淨，並且全然接受這一念即是。可是這樣的一念，或說這樣的一種心，實在很難直接做到，甚至我們可能連這樣的觀念都還沒建設好，如此一來，就需要透過各種善巧的禪修方法，下工夫用功修行了。

中觀之自性與《壇經》之自性不同

綜上所述，禪的核心，還是要回到本來清淨的自性，而這也是佛教的基本觀念。至於迷與悟，只是在現實中所顯現出來的作用而已，而這現實所顯的心之事相，和心之本性並非兩個作用，而是一體的。也因此，禪宗的修行，教的是當下直接覺悟，當你覺悟了清淨自性，這自性的作用就能很自然地顯發，此時你所做的一切，就都是從清淨的自性所流露的。

另一方面，中觀也講自性，但其所謂的自性，是相對於實體性、恆常性的狀態，即相對於常見的無常見、無我見。換句話說，中觀講的自性，就是無自性，但我們也發現，說法時，一定要有自性見，法才說得下去。比如我現在同各位所說的，是這邊還是那邊，是清淨還是雜染，修行的方式，這樣是對還是不對……。凡有現象，皆顯現為相對，所以六祖後來在同弟子說法時，提出了三十六種等蘊處界，也就是把佛教的整體全部提出來，再建立起其中的各種相對性，而這所有相對的現象，實則都是在無自性的狀態中所顯現的。中觀講八不中道，這「八不」和《心經》所謂的「六不」一樣，都是要把所有的相對同時否定，如此方能達到超越的無自性狀態；但說法時，又一定要有相對，就像佛陀雖已悟到了入畢竟空，所有的戲論都滅了，但他出畢竟空的時候，所說的種種方便法門，一定還是要落入語言文字，儘管他說法的當下，他的心並沒有自性見，也無相對相；換言之，佛陀是用相對的語言文字，說無自性的法。

從這個角度看，當人悟了自性清淨，其所流露出來的語言文字，與所有的造作，就是自性流露的，也就是清淨的。事相上的顯現或有相對，可能有些人看此人的行為、語言，認為是雜染的，但其實這個說法的人，本身並沒有雜染，因為他是自性清淨的。就像佛說法，他無自性；覺悟的菩薩說法，也無自性；覺悟的禪師說法，亦是無自性的。凡覺者說法，都是用這樣的一種方式，直心流露地說法，所以他們所說的法，看似會有些矛盾，深入聲聞或大乘經典，也同樣可發現其矛盾之處，但若是從無自性說法的角度看，那就不是矛盾，而是契機，是為了度眾生而施設建立的方便說法。也因此，佛說法有所謂的四悉檀，代表不同程度的教學，到了第一悉檀，那就是滅諸戲論了。

當惠能大師將自性清淨的觀念，在說法上施設起來，它就成為了禪宗的中心思想。後來的許多禪師，在他們開悟後，便基於這樣的中心思想，再應用各種的方便來度眾生。因為他們是從清淨的直心中流露出各種的教法，所以這些教法都是無自性的。

禪師們度眾生，因方便善巧的不同，其所顯現的方法，有些甚至是非常猛烈的。例如南泉斬貓，是用殺生的方法度眾生，還有小沙彌被切掉指頭，或是被鍘斷了腳。這些方法可能會讓我們覺得不解，怎麼禪宗的修行會是這樣的一種情況？可是禪師為了度眾生，當他認為當下發生的某些情況，可幫助人開悟，他就會運用這個方法，而這全都是善巧。所以在相對法裡，這些方法看似偏向惡的、負面的，但在清淨自性的自然流露中，這些全都是正面的善法。簡言之，現象本身或有雜染，但如果你一念清淨，悟得了清淨的本性，那麼你所顯現出來的所有相，就都是清淨的。

覺悟了，當下就是直心流露

禪宗做為中心思想的自性之說，六祖在傳達這個訊息時，其中便含攝了中觀的觀念，以及如來藏的系統，而由於禪宗強調自性的作用是自然流露的，因此在許多的行持中，還包含了道家的作法，因為道家是以自然為本。當我們把握了禪的中心思想，並以禪的方法用功修行，一旦覺悟了，當下就是直心流露，所有的修行，就都是淨法了；如果你還未覺悟，仍處於迷的狀態，那就需要透過一些方便法來修行，此外還需要善知識的引導，協助你建設一些理論事相，以及修行的次第。

但六祖也特別強調，他所說的法，是為上上根人而說的，其教法是為能夠直接覺悟的上上根人所施設的，至於我們本身是不是上上根人呢？如果是的話，你修禪就能很快地當下覺悟，跟六祖同一個鼻孔出氣了！但即使你不是上上根性，六祖以自性為中心的體系建設，也就是先接受我們的本性是清淨的，這點從修行的角度看，不論修行者的根性頓、利與否，它都可做為一個重要的修行依據。至於自性在哲學上所面臨的兩難問題，也就是心為什麼會有雜染？對此，六祖完全不提。不同於哲學性的理論探討，六祖則是從現象切入、分析，這樣的作法又偏向於唯識。總括來說，他是立基於佛教的根本觀念，來談心的問題，其中又含攝了中觀的畢竟空思想，而提出了當下覺悟，即是清淨本性的自然流露。

自性清淨，本然功能與作用

從惠能大師提出的禪宗中心思想，也就是自性清淨的觀念中，可見好幾個佛教教派重要的思想體系。當我們對禪建立起這樣的一種理解，再回到修行，把握住自性清淨，了解它是我們的心本然性的功能與作用，如此，我們的修行方向就很明確了。假如我們能當下覺悟，當然是最好；若不能當下覺悟，那就要「時時勤拂拭，莫使惹塵埃」，也就是漸修了。

所謂的漸修和頓悟，並非是指法有漸頓，而是指我們心的能力，有鈍根與利根的分別，鈍根者成就較遲，利根者成就較速，至於法本身，則無所謂鈍利遲速之別，因為法的本性是空，方法本身也是本性空，只是當學人在用法修行時，就會牽涉到個別的人根性之利鈍，而修行人的根性，又跟其修行的因緣有關，要細究這點，就要回到佛法的根本，也就是因緣觀、緣起觀來探討了。

可是六祖不談這些，他是單刀直入，直接進到心的本性裡，談自性清淨的佛性，然後再談到修行。這就是惠能大師在《六祖壇經》中的一個重要思想依據，我們在學習上，也要先有這樣的理解，以此做為深入六祖說法與修行體系的基礎。

〈第二講〉

禪的境界：定慧一體

《壇經》的核心觀念是「自性清淨」，
即一切法，包括各種雜染的現象，都是一體的。
清淨的自性與外顯的事相，實則沒有分開的。
此一體性含攝了「定慧一體」的觀念，
也造就出禪宗獨樹一格的修行方法。
禪法與傳統修行方法最大的不同，
在於修行與生活並不是分開的，而是一體。

大乘佛教的中心思想，主要談的是眾生心性本來清淨，也就是自性清淨的觀念，亦可稱為般若智慧。這樣的說法，一般認為比較偏向如來藏系統，也就是強調真如，亦即清淨的自性。然而在《六祖壇經》裡，惠能大師所說的自性清淨，並不離開現實的心的功能，而另外再有一個清淨的本體，這和如來藏強調有一本體性的清淨根，有所不同了。如來藏系統認為在現實的心之外，還有一本來清淨的真如（亦可稱為自性、本性），而把心的功能一分為二；但《六祖壇經》則是直接切入心的本性，談自性清淨，這樣的說法，其實和中觀思想更加貼近。

中觀立「一切法畢竟空」，破常見、我見

中觀雖不直接談心性，而是從法性切入，說一切法的本性是空，即「一切法畢竟空」；但和《壇經》相似的是，中觀在談到一切法顯現出來的事相時，並不認為在這些現象之外還有一個叫本性的東西，換言之，事相的本身就是空的。中觀藉由這樣的說明，很有力地破除了眾生的常見與我見。

眾生往往執著於事相，認為一定有永恆不變的作用，以及具實體性的功能，這就是上述的常見與我見。佛陀時代，當時印度所有的教派，也都含有類似真常、內在真我的觀念，它們認為所有輪迴的現象，僅限於生理性的生命輪迴，而內心則有一個不變的、

恆常的真我，修行就是在過程中體會外在所有的輪迴都是假我，而最終目的是為了要見到真我，一旦見到真我，即是解脫。

但佛陀發現，就是因為我們有這個真常、真我的知見，才形成輪迴，不得解脫；若能破了這個常見、我見，那才是真正的解脫。因此，佛陀提出了完全顛覆當時印度所有教派的無常、無我觀念，以破除真常、真我的見諦，而讓世人了解，無常、無我才能真正地解脫。佛陀同時也提到無常本身是一不斷流變的過程，也就是一個常態，然而這個常態本身是沒有實體性的，換句話說，它是依緣而起的，而這樣一個緣起的狀態，正因為它沒有實體，所以本身就是一種自在的作用，由此又連結到無我的觀念。佛滅後，大乘佛教初期的思想，也是順著這樣的思路來思考，故以無我為中心，中觀思想亦由此應運而生。

其實中觀只是我們安放的一個名相，將這個學派定名為中觀，而它實際上講的是空的觀念，也就是把依緣而起的「無常、無我、涅槃」三法印，以空來貫通、統合，而後建立起「一切法畢竟空」的實相印，所以它不是在一切法之外再建立一個名之為空的本性，而是一切法的本身，就是空的。

當中觀用到「自性」這個字眼時，指的是真常、真我的觀念；這一點，就和中國佛教所謂的「自性」有所不同了。中觀所謂的自性，是自性見，即常見、我見，換言之，若我們認為在內心之中，還有一個真常、真我的作用，那就是自性見，破除了這個自性見，就是空，也就是無常、無我。值得特別一提的是，中觀並不認為在無常、無我之外，還有一個常、我，對中觀而言，「常與無常」、「我與無我」，實則是一體的。

至於《六祖壇經》所講的自性清淨，是指一切眾生的本性是清淨的；但這不是說有一個清淨的實體名叫「自性」，而是指眾生的心所顯現出來的一切現象，其本質就是清淨的。其實在中觀的觀念裡，空即清淨，清淨即空，只是空比較偏向法性的說法，清淨則偏向心的本性之說，兩者實則是同一個意思。而空又較偏向於否定的一邊，這好比我們說滅，滅什麼呢？滅掉所有我們認為的雜染。所以中觀的「破、顯、正」，其觀念與方法就是破盡一切邪，正即自然顯現，破和顯之間，其實是一樣的，一如空和清淨之間，當空掉了一切雜染，即是清淨。只是清淨是從比較正面的一邊建立的觀念，空則傾向否定的一邊。其實佛教中有好多類似的例子，例如寂滅，所謂「生滅滅已，寂滅為樂」，把所有的煩惱，在其生滅的作用與過程中滅了，滅了之後如何呢？就樂了。寂滅是偏向否定的一邊，樂則偏向正面，但這兩者並不是兩回事，而是一體的。

清淨自性在生活中作用

因此，先建立起一體的觀念，再回頭談清淨，這樣一來，清淨的作用就能直接在我們的現實生活中顯現出來。換句話說，我們之所以要破邪，是因為顯現出來的雜染是邪的，破的作用並非在於真的有一個不好的東西，我們要破了它，而是因為我們在知見上、心理上起了種種邪的作用，破其實就是悟，不破即是迷，所以迷悟之間，是一種轉化，也可說是一個剎那的作用，當我們在一念上了知自性清淨，這當下就是悟，這一悟即是清淨；反之，如果我們仍處於迷的狀態，所顯現的就是一種雜染的作用，但究其實，它的本性仍是清淨的、空的。

當我們以一體的觀念來修行，就不會覺得修行就是要趨向清淨，或是有什麼雜染的東西要袪除，這是一般修行的角度，屬世間法，也就是認為集諦的輪迴是苦的，所以要離苦、要出世間，出世間就是滅；相對於集是苦，滅則是樂的、好的。在一般的修行觀念裡，很容易產生這種二分的狀況，所以會有一個世間，有一個出世間。像各位來禪修，有的人說這叫修行，而回到生活中，那就變成造業了。諸位中是不是也有人這樣覺得呢？有的修行人，特別容易產生這種二分，他看那些常常來打坐的人，就說那是有修行的人，至於在現實生活中遭遇的各種人，就覺得這些人都沒有修行。

可是在一體的觀念裡，並沒有所謂的有修行和沒有修行，因為其自性都是清淨的，所有一切顯現出來的現象，只是迷和悟的心理作用罷了，一旦開悟，顯現出來的相，不論是在打坐，還是行住坐臥，皆是清淨。如同佛說法時，因為無自性，所以不管他說什麼法，都是依無自性的智慧在說，所謂「正人說邪法，邪法也為正」，即是此意。有的禪宗祖師為了幫助弟子開悟，他用的方法，可能會讓人覺得太過猛烈，但由於他用方法的時候，並無自性的執著，他的心是悟的，因此他的方法就成了一種清淨的行為，透過這個行為的造作，就能度化他的弟子。

相反地，如果是邪人說正法，正法也變成邪的，因為他用的是自性的心，也就是迷的心在說法。我們可以看到有些人，雖然說的是佛教的正法，而且說得頭頭是道，可是他是以充滿貪、瞋、癡、慢的煩惱心在說，或者是為了得到名聞利養，而說一些大家最喜歡聽的法，藉此吸引更多的人來親近他，這樣的人，因為有自性見，他的心充滿了迷，所以說出來的法，就不是正法了。

我們在說法的時候，是清淨心在說法，還是雜染心在說法？是度眾生的心在說法，還是名聞利養的心在說法？這些問題，真的是我們要深思的。其實就在一念間，你一念對了，即是悟，你說的法就是清淨的正法，你的行持就是清淨心的功能在運作，你所顯現的一切，都是直心流露；反之，如果你處在迷的狀態，你說的法，表面上好像是正的，但因為心是雜染的、邪的，所以這個法就成了邪念、邪見，它還是有問題。與邪念、邪見相對的，即是正念、正見，這就又回到修行的根本來了。掌握了這個根本，對於我們在觀念上的理解很重要，因為它也是禪宗的思想中心。禪宗後期的蓬勃發展，衍生出各式各樣活潑善巧的教學方法，正奠基於此。對禪宗而言，開悟的人說法，因為用的是自性清淨的心，所以不論他怎麼說法，流露出來的都是清淨的正法。就如佛是覺者，佛所說的必然都是正法，即使表面上有些說法似乎跟世俗的觀念有所牴觸，例如他教導弟子出離、遠離，就跟世俗順著世間善法因緣的價值觀是逆向的，可是佛如此說法，乃是為了度化他的弟子，讓他們得以解脫，而這解脫的關鍵，就在迷與悟的一念間。

理事本無礙，定慧是一體

總結上述，就禪宗而言，一切法的本性，與一切法顯現出來的現象，並不是兩回事，換言之，所有顯現出來的事相，和其本性的理，實則是無礙而圓融的。所謂「事理無礙」、「事理圓融」，指的就是一體，差別只在於我們有沒有見道、悟道，也就是《壇經》所謂的「明心見性」。

有了這樣的理解，我們就明白為何六祖會說修行是「定慧一體」的。各位現在修學禪宗法門，我們也是強調「默照同時」，所以定與慧、默與照，實際上是統一的。

至於傳統的禪法修學，講的是止觀，其次第大多是從止入觀而達止觀雙運，此外，佛法修學也講戒、定、慧三增上學，從持戒、得定到開慧，其增上的次第也是很清楚的，但六祖認為不應該有這些次第，因為定慧是一體的。他以「體、用」來說明兩者的一體性，故《壇經》云：「定是慧體，慧是定用，即慧之時定在慧，即定之時慧在定。」定慧不是兩回事，一如自性清淨的心，與心顯現出來的現象，也不是兩回事，換言之，當心清淨時，顯現出來的所有現象，皆是清淨的，故清淨自性與所顯現的事相，是一體的。

如果我們尚未達致開悟的心理狀態，或者是屬於比較中下根性的眾生，要契入六祖所謂的一體，就比較困難了，這時就需要把修學的次第，例如戒、定、慧三學次第互相增長、增上的功能說明清楚，才能幫助我們修行；而如果你屬於上上根者，那就可以直接告訴你定慧一體、自性清淨，迷悟即在一念，心在一念間悟得自性清淨，當下便是。

禪宗立基於中國佛教思想之完備

禪宗之所以能建立起一套完整的思想系統，乃由於當時佛教在中國，已有相當悠久的歷史，許多佛教重要典籍，以及大乘佛教三系思想，多數的經、律、論典，幾乎都已傳進中國，吸納了這麼豐富的佛教思想，中國佛教因此能建立起自己的體系，並在一套套完整的思想體系之上，成立各個宗派與其修行法門。

在這個過程中，由於印度對因明學的重視，不斷辯論的結果，使得佛教思想變得愈加繁瑣、龐雜，因此中國佛教有個時期，重心是將印度傳來的極其豐富的思想，不斷地進行互攝、交融，終而從中爬梳、建立起一套套的系統，也就是後來中國佛教的八大宗派。

各位讀天台宗的思想，裡面就有所謂的五時八教，另外還雜揉了很多不同的佛教觀念，形成一套極為浩繁與嚴密的體系；華嚴宗也是如此，它吸納了幾乎所有佛教的系統；還有隋朝的智者大師，他是集傳統禪法之大成，宣講了《釋禪波羅蜜次第法門》，然後更進一步，再講《摩訶止觀》，也就是圓頓的止觀。

禪波羅蜜是次第的禪門、次第的止觀，是把傳統的禪法，統歸到一個體系之中。在這個體系裡，有世間禪、亦世間亦出世間禪、出世間禪與非世間非出世間禪，到了非世間非出世間禪，就是圓頓的禪法，即大乘禪法，這部分在《禪波羅蜜》中並未提及，所以後來才會再講以圓頓止觀為主的《摩訶止觀》。《摩訶止觀》裡，智者大師介紹了二十五方便的主要組成，這部分屬於思想，也代表這樣的知見在整個修行之中是非常重要的。雖然智者大師把整個禪法體系建立起來了，但他並沒有完成《摩訶止觀》，因為他說不完，可見這體系本身有多麼龐大。

至於學唯識的玄奘大師，他則是認為傳進中國的唯識經論，並不完整，無法將唯識體系完整地建立起來，所以他冒著生命的危險前往印度取經，而後完成了唯識系統。當時在印度，唯識是大乘佛教其中的一個派別，唯識有十大論師，玄奘大師在那爛陀大學時，即就教於十大論師之一傳承的戒賢論師。戒賢論師傳承的是護法菩薩的系統，雖然一開始玄奘大師想把所有的唯識系統都翻譯出來，但聽說他的弟子建議他只要傳承主要的護法系統即可，所以他們就寫了以護法系統為主的《成唯識論》，而將其他系統論師們的見解，融入這部典籍之中。

另外，還有傳承自印度中觀思想的三論宗，也是在隋唐時期，由嘉祥吉藏大師所建立的系統。至此，中國佛教各個體系業已完成，內容則非常地繁瑣，所以中國佛教還經歷了一個化繁為簡的階段，將浩繁的思想精鍊，而提出了自性清淨的觀念。

以中觀的角度講自性清淨，就是本性空，但不是在有之外還有一個空，中觀的空，真正是畢竟空。相較於中觀，唯識和唯心則較偏向有，因為唯心還有一個真心，即清淨的真如，唯識則強調轉識成智，兩者都還有心識的功能，只是說法上，一個是講清淨的心，一個是講轉染成淨的心；但中觀的畢竟空，空、有則是一體，不是兩回事，一切顯現的現象，包括雜染在內，只要把它破了，就是正的、清淨的。因此，凡相對於有，就是畢竟空，而非在有以外，再建立一個空，般若經典說的就是這些道理。

禪宗是中國佛教化繁為簡的結果

至於惠能大師，則是用了《般若經》，以及《維摩經》、《金剛經》等般若系統中空的觀念，來談自性清淨，所以在清淨的自性之外，並沒有一個相對雜染的事相，把這個觀念落實在修行上，便提出了「定慧不二」，那就真的是單刀直入了！一念悟，當下即是；可是要有這樣的體驗，好像很難，所以六祖也說，還沒體驗到清淨自性之前，就需要善知識來引導，不過他還是批評了這些善知識的教學，不夠直透，無法讓學生或修行者，直接見到清淨的本性。這些內容，在《壇經》裡都有提及。

回到現實的修行上，因為我們都還得「時時勤拂拭，莫使惹塵埃」，所以這個階段，還是要將定慧分開，並以整個禪宗系統為基礎，除了修定、修慧，還要修止觀。不過，聖嚴師父也特別強調，在禪堂裡不講止觀，這就是源於《壇經》的思想。說到禪堂，這是我們中國獨有，其他傳統的佛教，包括南傳、藏傳，都只有大殿，沒有專門修禪的地方。各位現在如果在漢傳系統以外的地方看到禪堂，那都是沿用中國佛教觀念而設的。禪堂做為中國佛教叢林中特別設置的空間，其功用是為了禪修，傳統叢林之禪堂裡沒有佛像，或只立祖師像，表祖師禪，即祖師傳承的禪法。

綜觀佛教在中國的發展，禪法真可說是精華薈萃、化繁為簡的最佳見證了。惠能大師把如此繁瑣的智慧，用最直接、最簡單的一句話，給說透了，而且是直接切入，我們講修戒、修定、修慧，還有增上、修止、修觀種種，他則是把這些全化為一體，通通含攝在其中。

不過六祖能做到這點，有其特殊的時空因緣，主要是當時整個中國佛教都已建設完成。六祖之所以學佛，聽說是因為他到一個客棧賣柴，聽到住客中有人在念《金剛經》，便促發了他修行學佛。我們現在到處旅遊，有沒有在飯店聽到有人念《金剛經》呢？沒這回事。如此就可想見當時佛教在中國的普及，修行人不管到哪去，每天都還是會做功課。相較於現代的基督教為了普及，而在許多旅店放置《聖經》，每個房間都放一本，如果旅客帶走了，就再補上一本新的，所以《聖經》成為全世界印刷最多的書，因為它們是以大量印刷、贈送做為傳播的方式，而旅店是客人流動最快，量也最大的場所，換言之，是宣傳最好的空間，可是六祖時代的中國，客棧裡並沒有放《金剛經》，而是客人自己就帶著《金剛經》來，兩相對照，佛教在中國的普及程度可見一斑。

禪的簡要，以繁為基礎

再者，六祖一聽到《金剛經》，就想要修行學佛，這因緣的生起會不會太簡單、太容易了些？因此，合理懷疑，說六祖完全不懂佛法，是不太可能的。大家也都聽過一個故事，有個秀才考上了狀元，上京選官的途中，遇到一位出家的禪師，禪師問他要去哪裡？「選官。」「選官？不如你去選佛。」這個秀才聽了，就出家了。法鼓山的禪堂叫「選佛場」，各位進來這裡，不是考上狀元要選官，而是考上佛果，進來選佛用的，而當時禪師的一句話，就能讓一個辛苦想考取功名的秀才出家，怎麼會這麼容易？由此可見，當時佛教在中國的普及，即使沒有直接學佛，間接地都會知道若干佛教思想。這情況即使到了後期，中國本土文化復興，宋代理學興起，佛教漸漸不再那麼興旺，但此時的中國理學，仍融入相當多的禪學思想，及至今日，佛教中很重要的「三世因果」觀念，仍像是所有華人的DNA般，成為我們普遍相信的一個觀念，即使沒有學佛亦然。

六祖就是在上述時代背景的基礎上，化繁瑣的佛教哲學，成為一簡單的思想；至於修行，也是化繁為簡，簡至最簡，直接就悟了。六祖所處的隋唐時代，有一整體性的因緣，故能發展出粲然活潑的禪法，反觀我們所處的時代，還有這樣的因緣嗎？沒有了。雖然佛教也滿普及的，但已不是人人都對佛法有深厚且完整的理解。我們現在發展中國佛教，有一說便是希望能夠恢復唐宋的古風，因為當時最優秀的知識分子，全部都在佛門裡，可是社會不斷地在變遷，如今要做到這點，怕是很難了。話雖如此，但我們已做到讓禪堂恢復運作，化繁為簡，簡到只有一個方法、一個觀念。不過這個觀念與方法，如果沒有「繁」做基礎，「簡」就不是化「繁」而來的。換言之，這個「簡」是沒有基礎的。這就是後期佛教衰微的一個重要因素。禪法曾經脫離了這個基礎，所以現在要重新建立這個基礎，但其中心仍是禪，這點是聖嚴師父特別強調的。

但我們也發現，唐宋時期很多禪師，尤其是方丈，他們進禪堂後是不講那麼多話的，連一個話頭、一個公案，都只講幾句話而已。現在日本、韓國的一些禪堂裡，可能還看得到這樣的古風，但在我們的禪堂裡，我們的話則講了不少，聖嚴師父也有很多開示，包括各位常常聽聖嚴師父的開示影音，師父為何要講很多經典與祖師的語錄思想呢？因為要把中國佛教的基礎，重新建設起來。

自覺自己的程度和根器

我們的修行是從比較基礎的方法上來開展，也因此，聖嚴師父才會以默照的方法，做為禪法的引導。但同時也要知道，如果你有很好的根器，能夠直接用上默照一體，也就是定慧一體，那當然很好；或者你禪修的基礎很好，所以一坐上蒲團，方法一用，心就收回來，身心就統一了，這樣也很好，因為身心統一，就是默照的前方便，接下來就能再深一層，進到默照一體。至此，能所雙泯，你就開悟了，因為你已體證無常，統一了在一切流動的過程中所現的相對相，因此對你來說，就沒有相對的存在。至於所有的能和所，都是在相對中才能顯現，但不論它如何顯現，都一定是因緣生、因緣滅的，而當你親證無常時，你便知道並沒有一個我能的「能」，也沒有一個我所的「所」，如此，我執就滅了，也就是無我，這當下你就見到了空性了。

當下能見到空，這當然很好，問題是，這非常困難呢！因此，教默照時，很多人就用意識想著：頭部放鬆、眼睛放鬆、肩膀放鬆……。可是頭有沒有放鬆？眼睛、肩膀有沒有放鬆？沒有，因為他只是用意識在想，照卻用不上去；或者教只管打坐，坐著坐著，就睡著了，又或是看起來有默，可是沒有照，這是無記；還有的人則是看起來有照，可是沒有默，這樣的人，心是不安定的，是隨著意識、妄念在做觀察，而非真正整體的覺照。如果有這些情形，要怎麼辦呢？那就需要用方法了，也就是要把默和照分開處理，即修止與修觀。專注和覺照在運作時，我們注意呼吸，這是專注；很清楚你在呼吸嗎？很清楚，這是覺照。如果不清楚，就在呼吸上加一個數字。把這個方法用到身心統一，就完成了前方便，接著繼續放任你的六根，讓你的身心和外在統一成一個整體，在這個統一境裡，你見到一切法因緣生、因緣滅的流動，沒有常也沒有我，你就開悟了。這整個過程就是一個有次第性的用功。

各位現在就看看自己是什麼根器，能夠定慧一體的，就請便，不要客氣，自己用功便是；能夠默照同時，身心、內外統一的，也請便；如果沒辦法的話，那就回到基礎，先從止觀談起。雖然不談止觀與其次第，這確是六祖的意思，他說不要講，一旦講了，就不是禪了，因為禪不講什麼先後，定和慧也不是分開的，先定後慧還是先慧後定，沒這回事，它們就是一體。對此，我們要有所了解，但我們同時也知道，六祖還教我們回到現實的身心來修行，而絕大多數人的現實身心，都不是能夠直接悟到自性清淨，多數仍在迷的這邊，所以需要善知識的引導，順著身心統一、定慧一體、自性清淨、悟的次第用功。不論你是中下根、上根，或是上上根者，那都無妨，因為眾生本來根性就有參差、有分別，而最重要的則是我們要有一念自覺，自覺什麼呢？自覺自己是什麼程度。

自覺，清淨心的作用

如果你還沒達到某個程度，卻以為自己有，這是增上慢；而如果你知道自己未達某個程度，卻要讓別人以為你有，這是未證說證，也是慢心。這兩者都是迷惑，即無明。相對於此，我們一念自覺，這就是悟，悟什麼呢？悟到自己的程度。話說回來，我們真的不知道自己的程度嗎？打坐時，一坐下去，一堆妄念就起現行，這樣還說開悟，怎麼可能！明明是妄念一堆，卻說自己是一心不亂，要參話頭、要默照，這樣修行是不可能成就的。那怎麼辦呢？妄念多，心散亂，有什麼方法對治？可以數呼吸、念佛，念佛還可以消一些業障。我們就是業障多才會有那麼多的妄念，多念佛消一些業障，這對修行是有幫助的。人要自覺，自覺也是清淨心的一種作用，當一念自覺，人就能回到當下，依照自己現實的狀態，依次第用功，當達到上上根，即利根時，那就是定慧一體、自性清淨的悟境了，亦即《壇經》所謂禪的根源，也就是禪法思想與其修行的源頭。

雖然惠能大師強調禪法是「定慧一體」，但我們看他的弟子，是不是都能回到禪法的根本上修行？好像也不是喔。當六祖說法時，不時就有成千乃至上萬的人在聽，但我們看《六祖壇經・付囑品第十》，他所付囑的十大入室弟子，後來在禪法的思想與修行上，似乎都沒有建設起什麼傳承，倒是《壇經》未提及南嶽懷讓和青原行思兩名弟子，這兩大法系反而開展出了五大宗派，而成為禪宗最主要的傳承。其實佛陀住世時說法的情形也是如此，他可以說最究竟、最圓融的法，但是不是每個弟子都能聽懂，都能在當下開悟呢？不一定。由此可見，即使是佛陀或惠能大師，面對根性各異的眾多弟子，建立次第性的修行方法，仍有其必要。

次第教學是為不同根機之弟子

關於次第修行，《壇經》中雖有提及，不過六祖仍特別強調，回到禪的根源修行才是究竟的，因此對於次第的教學，他還是有所批判，但也只是在某個程度上否定它們，卻不能夠說六祖認為這些是沒有用的，只是既然弟子來向他求法，他就有必要告訴他們什麼是最究竟了義的法。對此有所了解後，我們再回到禪法上。能直接以六祖所謂的究竟法來修行，當然很好，如果還做不到，六祖在《壇經》中也提醒，那就要先隨善知識學習。在此過程中，當然免不了有次第，但關鍵還是在迷與悟之間的那一念，這就是六祖一再強調的。所以後期禪師也提醒「一念覺，一念佛」、「即心即佛」——當下一念覺的心，實際上就是佛。換言之，當你看見一切法皆是清淨自性顯現的現象，或者你看見了無，那一念就是覺，那當下就成佛了。

此處所謂成佛，不同於釋迦牟尼佛所示現的，要修行三大阿僧祇劫，方能成就的佛果，從禪法修行的角度看，只要你當下的一念覺，你就能把和佛一樣的清淨本性之作用完全發揮。但回到現實，我們大多是迷的時候多，覺的時候少，各位在用功修行時就會發現，正念似乎一直保任不住，反倒是妄念一直跑出來，忘念一現起，我們的心就跟它跑了。這樣的情形，就需要透過種種的方法，讓我們的心，通過不斷用功修行的過程，循序漸進地修到上上根，當心能夠一念覺，這當下就是證悟了自性清淨。

以上說了很多道理，各位似乎都聽懂了，但又好像不是真懂，要真懂，還是要靠自己去體悟。當我方才提到了一念覺，各位是不是就開始在心裡想：「喔，一念覺是這個意思啊！能一念知道自性清淨，我就成佛啦！」這些都是妄念，是你通過思惟的方式加進去的東西，而非真正的一心一念，至於真正的悟，要如何修到這個程度呢？歷來許多禪師都有悟的體驗，而且悟了之後便不再退轉，他們所說、所行的法，都是從清淨的自性流露出來，也就是直心流露的，但同時我們也發現，他們很多都是利根，所以能夠頓悟，反觀我們，如果不是利根，不能頓悟，那怎麼辦？那就漸修漸悟。

雖說許多祖師是頓悟，但其實也很多是經過幾十年的修行，才頓悟的。舉距離我們最近的虛雲老和尚為例，他二十歲出家，剛開始以外道的方法修苦行，後來有位天台宗的禪師教他參話頭：「拖著死屍的是誰？」他這一拖拖了多久呢？拖到五十多歲，他才悟了。這也是頓悟。

至於我們，以根器論，不要說下下根，即使說我們是中根，中根就要慢慢地磨，磨到上根，再到上上根，這都需要時間的。首先要一念自覺，回到自己的身心狀態，了解自己的程度，以最適合我們當下狀態的方法來修行。這本身也是一念覺，而且這個自覺很重要，它是我們修行的基礎。假如此時發現自己在很多方面做得還不是很好，沒有關係，我們就順著修行的次第，一步一步來，如果還沒到定慧一體的程度，那就先把定慧分開，先順著戒增上學、定增上學、慧增上學的次第用功。雖然《壇經》對此有所批判，但換個角度想，那是六祖太高明了，他的教法是上上根的修行，而我們稍遜了些，所以要請六祖多包涵，不要對我們要求那麼高，請他稍等我們一下，先讓我們在這個階段，在禪堂裡好好地學方法，然後用我們用得上的方法修行，次第地由淺而深、由下而上地修至利根，此時用上六祖的方法，便能水到渠成。

定慧一體，修行與生活也是一體

總結上述。禪宗的開展，是以《壇經》思想為中心，所以我們修習禪法，便要深入《壇經》思想，方能體會禪的特質。《壇經》的核心觀念是「自性清淨」，即一切法，包括顯現出來各種雜染的現象，都是一體的，換言之，清淨的自性與外顯的事相，實則沒有分開。此一體性含攝了「定慧一體」的觀念，也造就出禪宗獨樹一格的修行方法。禪法與傳統修行方法最大的不同，在於它沒有一套獨立於生活之外的方法，修行與生活並不是分開的，而是一體。對此有所了解後，當我們回到現實生活，便知道生活仍是在修行裡，反之，修行也是在生活中，而非有一個狀態叫「現實生活」，另有一個狀態叫

「修行生活」。生活就是修行，修行就是生活，禪就是把事和理貫通、互相印證，從中體會事所顯現出來的現象，其本質就是空、無我，所以究其實，事和理本是無礙且一體的。當我們對此體會愈深，就愈能契入禪的思想，也更能明白生活不離修行，修行仍可在生活中正常運作的真義。

雖然我們目前無法直接體悟直心自然流露的狀態，但有很多方法可以幫助我們循序修行。例如在生活中，有動態用功的法門，專注覺照，覺照專注，從靜態的用功到動態的用功，慢慢將兩者融會，直到你不管處在什麼狀態，都能將方法用上去，這時默照的工夫就有了；可能此時仍未達一體的狀態，有時偏默，有時偏照；有時偏定，有時偏慧，那就要繼續用功，直到默照統一，至此，即能體會六祖所謂「定慧一體」的妙義。

〈第三講〉

禪的方法：一行三昧

無論處在任何時刻，
包括非行非坐之時，都能保持清淨的自心，
方法都能持續不斷運作，
清淨的正念，無一刻中斷，
即使處在日常生活中，看似沒有在用方法，
但心仍能保持其本性不動，
這就是一行三昧。

我們之前是從理上，介紹《壇經》的中心思想，我們現在就來探討實際用功時運用的禪法。方法是一種運作，而不論方法為何，禪法的基礎與核心，都要回扣到自性清淨的觀念上，這點是要先提醒大家的。

什麼是四種三昧？

各位看智者大師《摩訶止觀》，當中提到的禪修方法，有四種三昧：⑴常行三昧；⑵常坐三昧；⑶半行半坐三昧；⑷非行非坐三昧。第一種「常行三昧」是以「行」的形式，用經行與站立的方法用功，經典中對此方法亦有所描述，即所謂的「般舟三昧」、「佛立三昧」。修這個方法時，修行人是不坐下來的，二六時中皆保持經行或站立，晚上睡覺時亦然。我們很難想像，站著要怎麼睡？這個法門以九十天為一期，九十天一直保持站立跟經行，修行人在關房中或者可以靠著牆小憩，或者在關房綁上一根繩子，累了就倚著繩子休息，但無論如何，這九十天都要保持站立，可以想見，修這個法門是非常不容易的。

第二種是「常坐三昧」，基本上以坐為主，歷來許多禪師，以及深山中的閉關修行者，多是採此方式。不過生活中有一些動作，例如解手（大小便），單是站或坐，可能會有些不便，甚至沒辦法做到，這時就可以調整一下姿勢，但大原則還是要保持好常行或常坐，例如吃飯，站著或坐著吃飯都可以，那麼在做這些動作時，就要把採用的修行姿勢保持好。

第三種是「半行半坐三昧」，有坐也有行，亦即靜態與動態皆有，坐時較偏靜態，行時較偏動態。這是從形式上向各位做概略介紹，至於修行內容，《摩訶止觀》中皆有詳述，講得也比較深。第四種是「非行非坐三昧」，既不專屬行，也不專屬坐，亦非半行半坐，而是隨順修行者的狀態，強調方法的活潑性。

可能很多人會覺得，非行非坐的方法應該是最自由的，可說是一種自由式的用功，例如我們在禪堂中，採自由禪坐時，那就是非行非坐了，此時什麼工夫都可以用，坐不下去就站起來，站不下去就坐下來，拜佛也好，經行也行，什麼工夫都可以加進來。各位覺得這個方法最好嗎？其實，這個方法是最不容易的，因為你很可能是順著煩惱在用方法，結果就是沒有一個時刻是真正在用功。

在馬來西亞，我們採用的方式是，一個靜七裡只有最後兩天下午採自由禪坐。為什麼要放在最後呢？因為透過前面幾天的用功，工夫已練得比較得力，此時再自由禪坐，用功用得很好的人，就可以很自在地用方法，因為他不用聽鐘聲，而且沒有引磬規範他該何時起、何時坐，也可以用經行或拜佛的方法，如果覺得太疲累，甚至可以躺下來睡覺，所以這個自由式，對於用功用得好的人來說，是很受用的；可是如果是用功用得不好的人，這時他反而不知道要做什麼。因為有規矩，規範什麼時間該做什麼，即使是工夫用不上的同學，他還是得要好好坐著。臺灣比馬來西亞稍自由些，如果是坐不下去的同學，還可以躲到旁邊拜佛，至於在馬來西亞，坐就是坐，經行時就得起來走，拜佛時就要起來拜，做運動也是如此。

像這樣讓別人來告訴你怎麼用功、用什麼形式用功，其實是比較容易的，當採用自由禪坐的形式，讓你自由安排，少了何時該做什麼的規範，監香也不去注意你，也沒人到處巡視，很可能你就不知道該做什麼好，坐也坐不住，這時你可能就跑到外頭晃來晃去，或者沒幾分鐘就跑一趟廁所、喝一次水，其實你真的要做這些事嗎？你只是不知道要做什麼好。自由式之於這類同學，反而是煩惱，這就好比很會讀書的人，他是不需要靠老師的，需要老師的都是一般中等資質的學生，至於很差勁的學生，有老師也沒用，可是沒有老師，他又不知道自己要做什麼，就像從前學校裡有所謂的放牛班，這類學生就把他們當牛放，給他們吃草。

一行三昧，直心是道場

雖然我們會覺得自由的方式很好，但實際上，不會用功的人，採用這樣的方式，反而是煩惱，所以一般我們採行的，還是以半行半坐三昧為主，也就是將靜態與動態的方法，相互交替地用功。至於非行非坐三昧，也稱作「一行三昧」。

智者大師在「非行非坐三昧」依十二事論檀度中，引《維摩詰所說經》云：「諸有所作，舉足下足，當知皆從道場來住於佛法矣。」而在《六祖壇經》中，所採用的修行方式，即屬一行三昧，也就是自由式的方法。惠能大師在此提醒，所謂一行三昧，其實就是直心用功，如果一個人以直心用功，能用功到如《維摩經》所說「直心是道場」、「直心是淨土」的程度，由於此人是分分秒秒都在用功，所以採自由式的方法會是最受用的。

我們雖然還沒悟到自心本淨，但至少都對此有一定的領悟，或是某種程度的體會。我們知道自己的心是清淨的，所以一切的流露，應該都是清淨的，也因此，不論我們是用什麼方法用功，都要回到這個正念上，也就是要時時刻刻，以直心用功，當我們能直接以清淨的本性所流露出來的作用用功，這就是非行非坐三昧，亦即一種直心用功的方法，此時不論身體呈現什麼姿態，都是在用功的狀態中。

了解這一點後，再回到我們自身，就會發現自己的妄念、雜染太多，所以會發生像上述舉例自由禪坐的情形，當自由禪坐時，你就會知道自己本身到底是怎麼一回事，本以為禪期中，凡事都要順著課程的安排進行，時間都被這些安排給框住了，規定何時該打坐，何時該出靜，你可能覺得這樣很煩，那好，給你自由，這時你反而不知道該怎麼用功，於是我們會看到有些同學，叫他打坐的時候，他就到外面拜佛，拜佛的時候，他又想去打坐，這就是無法配合整體，有這種情形的同學，你讓他自由禪坐，他還真的不知該做什麼好。

以上所談的用功方式，是從表面上，也就是事相上來說明，而其重點則在用心，所以上述四種三昧，不論何者，其重點都是直心；然而我們現在的心，往往是諂曲的、扭曲的，亦可說是雜染的、煩惱的心，簡言之，就是有很多負面情緒作用的心。雖然這些負面情緒作用，覆蓋了我們的直心，但我們用功時，若能保持自性清淨、定慧一體的正念，即便當下做不到，但時刻保持這些正念，就是時刻在用功了。

定為慧體，慧為定用

對此，六祖在《壇經》中做了一個簡單的比喻，說明定為慧體，慧為定用。他以燈為例，凡有燈，便自然有光；點亮的燈，就是定，放出的光，就是慧。因此，燈是體，即定，顯現出來的光，是作用，即慧。但我們也知道，點了燈，不一定都會發亮，例如把燈放在起風處，要知道六祖時代的燈都是靠蠟燭點亮的，風一直吹，照亮的作用便無法發揮，這就好比我們的心，點了燈，卻沒有照亮，因為雜染的作用，把它覆蓋了，心像是被黑暗的燈罩給罩了起來，即使已點了燈，光亮卻無法顯透出來。我們現在的心大概就是這樣的情況。雖然如此，但自性清淨、定慧一體的狀態，卻是我們的心本然的作用，對此若能時刻理解、把握，我們就是隨時隨處都在用方法。至於隨時隨處用的是什麼方法呢？六祖沒有告訴我們方法，也沒有告訴我們技巧。沒有方法的方法，就是「默照」了。

事實上，正因為沒有方法，所以任何一種方法，都可以是方法。會用方法的人，因為心是清明的，所以能明白無法之法的道理，所以用任何一種方法，心都能持續性地保持清明，這種時刻照亮的作用，就是惠能大師所指的方法。從這樣的角度來看，只要心本然性的清淨作用得以發揮，則所有的方法，都是正確的方法；但反過來說，如果心不能發揮這個作用，那就失去了方法的功能與意義。為了讓方法的功能得以發揮，並符合其運作的原則，就要回到禪的中心觀念上，了知自性清淨與定慧一體的修行境界，因此，只要能夠用上默照同時、默照統一的工夫，則所有的方法，都是可用的方法。

在此提醒各位的是，雖然我們用功的前方便，有其次第與分別，但六祖仍特別強調，究竟來說，定慧是不能分別的。我們要把握這個原則。儘管目前在用功時仍有方便次第，但同時要明白，定和慧是心本然性的作用，也就是自性清淨的直心，自然流露的作用，明白這一點，在用默照的方法時，我們就能把握好定慧、止觀一體的運作原則，使專注的心，同時也能很清楚地覺照。而在此過程中，我們也會發現，當心愈安定、平靜，覺照的作用便愈敏銳。換言之，當心愈定，照的作用也愈加顯發，此乃符合定慧一體與定為慧體、慧為定用的原則，至於這樣的狀態，則是以清淨心，也就是以定為中心。

自心清淨，自心不動

平常我們講修行，往往會談到心清淨、心不動，要提醒大家的是，所謂心不動，不是指我們打坐時，外相上看起來的不動，而是自心清淨而不動；為了方便行者了解，惠能大師在論及一行三昧方法的運作時，就以坐禪中的禪定為例來說明。

坐禪與禪定，一般的理解，就是坐住不動，此為定，接著心觀境，清楚覺照當下的清淨，此為慧；但六祖提醒，不動不是指表面上的不動，很多人打坐時雖然動也不動，但一起來開口說話，動的現象就顯現了。六祖在此所謂動，是指是非、對立的雜染心的顯現，而相對於此的，則是自心不動。因為自心清淨，所以不動，此乃六祖所說不動的真義，而非僅是表相的外在不動。

話說回來，外在的一切是一定會動的，可若是我們的心在動，這時就算外在顯現的相為不動，也不是真正的不動；真正的不動，是清淨的自心不動。各位在此打坐、用功，看起來都沒在動，好像方法都用得不錯，至於回到生活中，是不是有的人就動得很厲害呢？或者是和大家共事時，常常會跟人起是非，甚至起衝突？有這種狀況的人，即使打坐工夫看似不錯，那也不是真正的心不動，真正的默、定，不是外顯的相不動，而是本心清淨的作用，它是不動的，由定發慧顯現出來現象，它可能是動的，不過這個動，和是非、對立的動有著迥然之別。可是我們往往相反，外相不動，心卻充滿是非，因此，顯現出來的，是很多的是非爭論；反之，若真正的自心不動，外在顯現的現象雖是動的，但因為心沒有被干擾，所以沒有動搖。這才是真正的不動。

再者，我們說到用功修行時，有所謂的觀境和觀淨，前者是觀環境，後者是觀清淨，也就是把清淨做為一個觀想的中心。對於觀淨，惠能大師提醒，如果我們還有所謂淨的「相」，它就會變成一種妄念，因為我們的心本來就清淨了，何必再找一個稱之為淨的相來觀？如果你還找來一個淨相來觀，就表示你的心並不清淨。簡言之，心本來清淨，毋須再找一個外在的淨相來觀。默照也是如此，它也是心本然性的作用，而非是外在還有稱之為默和照的方法供我們使用。所以用功就是回到默照、定慧一體，讓心本具的清淨作用自然顯發，就是開悟。

坐禪，外不擾、內不亂

我們還沒有開悟，所以需要用方法，但並不是這些方法讓我們起了默照的作用，默照是心本具的作用，而方法則是讓這本具的作用能更好地發揮出來。打個比方，我們的心，就像點著的燈，只是罩上了一個黑暗不透光的罩子，所以光明無法照射出來，要讓心的作用顯發，並不是在外面再找個淨，或是另尋光明，要知道我們的心就是清淨、光明的，用方法則是要幫助我們把燈罩清除掉。至於清除的關鍵，亦不在方法上，主要靠的仍是我們心的作用，因為這層罩子不是外在、外來的，而是我們自己加上去的，所以用方法，指的是這樣的一個過程。

方才談到坐禪，並非是一般人想像的坐在那兒不動，坐禪與禪定的意義，在於外不受境所擾，內則心不動不亂。坐禪是一個形式，這個形式有一個坐的相，而這個「坐」是不動的。此所謂「不動」，重點不在坐相不動，而是指這個坐之人，不論外在有什麼樣的境，或境上產生了什麼作用或變化，他的心都不受干擾，而人只要心中有禪，心就是不雜亂的，這個狀態就稱為「坐禪」。至於「禪定」也是此意，只是較之坐禪，禪定指的是更內在的工夫。

總括來說，不論坐禪或禪定，指的都是外相不受干擾，內相不動不亂，這是針對方法，從理上所做的說明。各位有沒有發現《壇經》講的都是理，並沒有具體告訴我們要用什麼方法，然而它所建立的理論與觀念，卻能讓我們更好地運作種種修行方法與技巧。

坐禪不是坐著不動，不是表相上的、身體上的不動，而是內心不亂，不被任何外境干擾。只是我們似乎剛好相反，打坐時，無論什麼樣的外境都能干擾我們，心一直在動搖、生妄念，這是我們打坐時普遍有的現象。為了對治這些現象，所以我們要學技巧，只是學了技巧，卻未必懂得怎麼用心，《壇經》則是把重點放在用心上，而談到了一行三昧，也談到了本性清淨的心，與定慧一體的作用。反過來說，懂得用心，也要有技巧來幫助我們，所以技巧與用心是相輔相成的。

譬如各位現在在此坐禪，偶爾也採半行半坐，讓大家起來拜拜佛，或是經行，當這種時候，我們的外在形相、身體動了，此時心是否受到外相干擾，也跟著一起動了？其實不只在動中，有時我們只是靜靜地坐禪，亦會不斷地受外境干擾。各位回想一下，當身體坐得很痛時，產生很多不舒服的覺受，此時你的心亂不亂？是否受到這個外相干擾了？如果有，那就不是坐禪，不是禪定了。你要能坐到各種境現前，例如耳根的聽覺、身根的觸覺等等顯現時，這些外相都不會干擾到你，換言之，不論外相如何，你的心都是不亂的。此處所指的不亂，意指外相沒有令你生起諸多妄念，甚至是沒有妄念，這表示此時你的心是自性流露，也就是清淨的作用，而這又回到默照的運用上了。因此，所有的方法，最終還是回到默照的作用，亦即心本然性的功能，也就是定慧的作用。這是我們從《壇經》的指示中，體會到用方法時的用心。

各位用方法時，是用什麼樣的心在用功呢？如果沒有符合上述的運作，那就不是坐禪，不是禪定，當然更不是一行三昧。所謂一行三昧，已是到了你不論處在任何時刻，包括非行非坐之時，你都能保持清淨的自心，方法都能持續地不斷運作，清淨的正念，無一刻中斷，也就是說，即便處在日常生活中，看似沒有在用方法，但你的心仍能保持其本性不動，這才是一行三昧；至於禪坐時，雖有種種善巧與技巧可供運用，我們仍要深入內在，了解何為正確的用心，如果發現自己無法保持正確的用心，就需要繼續地調，繼續地用方法，重要的是，不論用的是什麼技巧和方法，都必須回到《壇經》指示的原則，一定是安定清明，運作方法時一定是專注覺照，也就是定慧與默照。

不過，如果特別強調某一種技巧，我們可能會對此生起執著。例如特別強調默照，似乎我們特別強調要用心去看境，所以就要在外設立一個所謂的境，好讓心可以去觀它。惠能大師提醒我們這樣會有問題的，因為我們的心本性清淨，你如果再抓一個淨的相，這個相反而變成是外在的，是從妄念而來。進一步說，當我們用默照的方法時，如果你還假定有一個方法，或有一個外在的東西叫默照，這個默照就變成妄念了。這是我們用方法時必須要有的基本認識。

在教授默照的方法時，一般是以默照來覺照全身，至於還無法覺照全身的人，可以先採取局部覺照的方法，有的人聽到這樣的方法後，就頭部放鬆、肩膀放鬆、小腹放鬆……，什麼地方放鬆，就覺照什麼地方。這樣用方法的人，其實仍是以妄念在用功，因為他還假想有一個要照的境，那就不是真正的觸覺，不是直接用心去觸覺身根，換句話說，他不是以默照的作用，直接照見身體的觸覺與狀態。甚至還有人是默照自己在打坐，也就是先假想有一個作用、方法叫默照，他就用這個方法來看他的身體是不是統一了，有時覺得好像統一了，但不是很清楚，所以就出來看一看，覺得統一了，又再進去，就這樣來來回回、進進出出，還以為自己的身心統一了，其實這用的都不是默照，而是妄念。

一行三昧就是直心，當下即是

上述情形，整個過程都是以外加的妄念在用功，這樣用功的人，根本不知道默照的作用其實來自於自己的心本然性的功能，而非在外面再找一個默照。默照的前方便，即觀照身體局部所用的技巧，練習以默照的心去運作，所以默照不是方法，是沒有方法的方法，因為任何一個作用，能夠讓默照的功能發揮、顯露出來，這就是方法了。可是如果還把默照當成一個方法來運作，那就是在我們這個本來清淨的心之外，再假設有一個清淨的心供我們默照。為什麼《壇經》不講方法呢？因為它是直指本心，著眼於心本然性的功能，闡明其微妙又直接的作用，教導我們：以這樣的心用方法，就對了！

一言蔽之，所有的方法，都是專注覺照，讓心本然性的功能自然顯發；至於我們現在的心，都像是發亮的燈，只是被罩住了，用功就是要把這層罩子拿掉，而不是在罩子上加點什麼東西，或是再另外尋找燈，這些都不需要。我們內在的燈，心的作用，只要讓它顯發就可以了。這就是默照的運作原則。廣而言之，所有的方法，都必須以此原則運作，離開了，就不是默照，離開了，就不是禪法了。

談到這裡，各位是否感受到禪法的微妙呢？其實禪法並不玄，它是微妙，只是我們平時習慣了一直向外境找東西，總是用盡各種方法，就是想看看怎樣才能得到覺悟。如果抱著這樣的心修行，不論用的是默照，還是話頭，都是心外求法，都是外道，為何我們修行修到後來，反倒成了外道呢？不論用拜佛、經行等種種方法，各位都不要以為是外面還有一個方法供我們使用。用方法，就是一行三昧，也就是直心。不論拜佛、禪坐，甚至日常的行住坐臥，都是用直心，此即禪門所謂的「當下即是」。

綜觀整個佛教，唯有中國禪法強調當下，所謂「立處即真」，我們所立的地方就是真的。先前我們談到中觀、中道，這個「中」在哪兒呢？從禪法的角度看，我們所立之點就是中，而且是宇宙的中、法界的中，何以故？因為宇宙、法界是無邊的，所以你立在任何一點，那一點即是中，這就是所謂的「當處即中」，亦即不管我們在什麼地方，哪個角落或哪一點，站著也好坐著也罷，那個地方就是整個法界、整個宇宙的中央。各位都知道地球是圓的，既然如此，那麼哪裡是地球的中央呢？你所站的那個位置就是了。

這就是禪的直心。此心照見居法界中央的體實是空的，也就是「當體即空」；此心當下即是淨的，也就是「當心即淨」。這就是所有方法的共通原則：一行三昧、直心流露。正因為心是清淨的自然流露，所以不管用的是何種方法，都能自由自在地運作。這就是為什麼開悟的人，時時刻刻都處在用功的狀態中，其實這是形容他的心清淨，實際上他還有功好用嗎？他已是無功用行了，因為他本然清淨的心時時刻刻都能自然流露，而且沒有間斷，也就是以「常樂我淨」的方式在運作。此處的「常」，不是常見的常，而是指持續、無間斷。因此，「常」不是停在某一點，一旦停下，就有問題，就變成常見的常了。各位檢視一下自己，是否常常把心放在過去，停留在昨天呢？這樣不行。心一定是無常流動的，在流動的過程中，心保持一種平衡、平等的狀態，所以外境不會干擾它，所謂內不動搖，就是「常樂我淨」。此處的「我」，是清淨自在、寂滅為樂的。

禪的方法，開發自心清淨

以上是從正面的角度，也是從觀念上，與諸位淺談禪法修行的一些體會。各位有體會到嗎？如果有，那就不是顛倒見了。如果還無法體會，或者對上述觀念不清楚、不明瞭，以至於可能還執取著常見、我見、樂見，認為人生是樂的，而去追逐，那麼這些就是顛倒的、不樂的。其實人大多習於創造一個相對的境，再藉著這個相對，去追逐點什麼。舉例來說，清淨是很多人追求的，於是追逐著各種認為是清淨的東西，或是在修行中，想從身體各種運作的過程裡，找到一個叫作清淨的現象、作用或境界，殊不知，我們的心本來就是清淨的，哪還需要尋找、需要追求呢？這些都叫作顛倒見，而如果你體會到心本來就是清淨的、自在的，就不會在心外製造一些東西，再去追逐它們，這直接體會的當下就是樂，就是常樂我淨的涅槃四德，此即謂正見。

因此，用功就要回到正見的原則上，不論行住坐臥，都是在一行三昧的原則中進行。雖然我們現在還沒有悟，但至少都要保持默照的心、坐禪的心，亦即外離相不受干擾，內不亂不動搖，不論你用的是何種方法，念佛、數息、默照、話頭皆然，都循此原則運作，也就是你並非在追逐一個東西，而是藉著方法，讓心本然性的作用發揮出來，同時，也要以心本然性的作用，來運作這個方法，這樣才是真正在用心、用方法，否則就變成是追逐外在境界，那就不是禪了。

《壇經》說禪，說得真的是很直接！我們聽了，在理上都會有一定程度的理解，而事相上在運作時，我們就學習將這些原則，做為一種前方便，將其運用在方法上，以使我們能夠真正悟到這本性清淨的心。

〈第四講〉

禪的法門：無念無住

無念、無相、無住，即是中國禪法的特質。
「無念」：不是沒念頭，而是包含很多的念，
並且是念念分明，同時又不染著於任何一念。
「無相」：是處在世間，面對世間相，
而不受現象的干擾。
「無住」：是在剎那生滅過程中，
不住在任何一念上。

前幾天我們談到禪的中心及根本，是自心清淨，禪的境界是定慧一體，至於用功時，是以直心用功，並且坐禪與禪定並非一種技巧，而是用心。接下來我們要進入到《壇經》的重要部分，即禪的法門。

禪的法門是什麼呢？就是三個「無」：無念、無相、無住。過去聖嚴師父在講《壇經》時，也特別強調這個部分，它的重要性可見一斑。這三個「無」再細論，就是「無念為宗」、「無相為體」、「無住為本」，此即六祖在《壇經》中教授弟子的法門。

「無」字的奧妙

綜觀中國佛教，尤其是禪宗，用「無」字用得特別多，甚至比「空」這個佛教中心思想還多。事實上，空性是把無常、無我、涅槃的三法印統合起來，而以無我的法印為中心，所建立起的證諸法空性的一實相印。換言之，大乘佛教的中心思想，即是緣起性空，諸法畢竟空。由此可知，「空」對中國佛教的重要性；但「無」這個字卻用得比「空」還多，這點和中國道家以「無為」為思想基礎有些關係。諸位看《心經》，內容雖是講空，可是經文卻用了很多「無」字；《金剛經》也講空，但是《金剛經》裡一個「空」字也沒有，用的全是「無」，至於在禪宗裡，也是「無」字用得比較多，可以說，中國佛法把「無」的功能、「無」的意義，發揮得淋漓盡致了！

佛教中用「無」字，第一層的定義是否定，有時則用來指涉為不定，有時則更深一層，用來指涉雙重否定，即否定了再否定，也就是無無。以上用法，在禪宗裡皆多有發揮，其中大家最耳熟能詳，且同時影響了整體中國佛教乃至日本佛教的，當屬「無字公案」。「趙州因僧問，狗子還有佛性也無？師曰無。」趙州禪師與學僧問的對話，為禪宗援引為話頭公案，要參的是「無」，指的究竟為何。

一般來說，若根據大乘佛教的中心觀念，會認為眾生皆有佛性；可是就唯識學眾生的五種根性而言，便否定了每一種根性的眾生皆有佛性。此外，在中觀的觀念裡，雖不直接地講眾生佛性之有無，但由於中觀認為一切法的本性是空，而空性也包括了佛性，因此眾生的心，理應也是空的。

此外，我們講佛性，還有一個很重要的觀念，即「覺」。覺是從緣起而來，所以不論是佛性或佛種，從緣起的角度看，既不能說它有，也不能說它無；但若從眾生普遍的本性是清淨的這個角度看，又不能否定它是有，可是這個有又是循著緣起的法則在運作，那就不能說它是有……。說到這裡，各位認為，佛性究竟是有是無呢？這個問題真的是有很多可著墨的切點與探討的空間。也因此，許多對此課題有興趣的學者，寫下了諸如《佛性論》等一類的文章，而讓佛性的探究變得更加蓬勃且多元。

先前曾提到，《涅槃經》傳入中國後，經中言及一闡提的眾生沒有佛性，可是另外還有一些東傳的佛典，則說到眾生皆有佛性，到底眾生有沒有佛性，似乎莫衷一是，東晉時代的道生法師，就是為了探討佛性之有無，而留下了「生公說法，頑石點頭」的著名公案。當時的《涅槃經》說無佛性，生公則堅持說有，因此被逐出僧團，臨走前他對僧團眾人說：「如果我的知見是正確的，就令我未來陞上獅子座說法，並於座上圓寂。」離開後，他來到蘇州虎丘一帶。由於被逐出僧團的人，是不能對大眾開示的，於是他就對著石頭說法，說一切眾生皆有佛性，說到連石頭都點頭說：「嗯！你說得對。」這就是「頑石點頭」這一成語的由來。當《涅槃經》再傳中國後，這回經中就提到了一闡提也有佛性，證明生公是對的。於是眾人將他迎回，陞座說法，而最後生公就是在獅子座上圓寂的。

眾生有佛性嗎？我們曉得道生大師與同時代道安、慧遠等祖師，在佛教中國化的過程中，都有重要的影響，他們將印度東傳的佛教消化、吸收後，再開展出屬於中國本土的佛教。歷此過程後，至佛教大興的唐代，當時的趙州禪師，會不知道生公所留下的事蹟嗎？他一定知道。那為何學僧問他狗子有沒有佛性，他要說無呢？是不是覺得這個學生很無聊，明明知道有，還要來問，才故意答無呢？我們知道從佛陀以降，到中國的禪師們，有時也會以中觀的方式說法，也就是當學生一直說有，他們就會故意說無，為的是破學生的執著；但另一方面，如果學生一直以為是有的，老師卻突然說無，就好比這學僧是抱著狗子有佛性的信念而來，趙州禪師卻說無，這會不會令他感到無所適從呢？

什麼是無？

其實這正是中國文字的特色，為了保留詩意，所記載的文字都相當簡單。就像這個「無」，究竟是什麼意思呢？似乎都沒講清楚；但也因此，它可以成為一則公案，讓學人去參：「什麼是無？」看能不能參出一個究竟來。宋朝的慧開禪師，就輯錄這些公案，編成《無門關》一書，而其中第一則公案，就是「狗子無佛性」。

至於宋代大慧宗杲禪師所提倡的話頭，也是把「無」當作一個話頭來參。諸位當中有沒有人參這個公案，或是參這個話頭的？有的話就繼續用功，等到你知道什麼是「無」的時候，再來告訴大家，究竟這個「無」有沒有佛性，如果有佛性，那為何狗子會變成狗子？如果沒佛性，這又於佛法不合，那麼到底是有是無呢？因此，各位看這個「無」字，不論是在中國文學亦或禪宗的用法裡，都留給了人們很大的空間，例如我們說「無念」，很多人以為無念就是在打坐時，讓念頭不要生起，或是把腦袋放空，但腦袋要怎麼放空呢？把頭腦都抽光了，只剩頭殼嗎？那太危險了！不能這樣做的。也有人禪修時，老師告訴他什麼都不要想，可是參話頭的時候，老師又要他參：「父母未生前的本來面目是誰？」並告訴他，所謂話頭，就是「一念未生前」，可是問題是他當下就有許許多多的念，要如何「一念未生前」呢？於是他就開始自己想像：相對於無念，有念就是有話，有話就不是話頭，所以一念未生才是話頭，也就是話還沒有生起來，就是無念；換句話說，無念應該就是要做到把自己的念，或是意識，或稱之為心……。想到最後還是想不清楚，以為反正就是精神上的這些作用，將它們全部空掉，變成一片空白，這就是無念……。可是又好像不是這樣，這個無念到底什麼意思呢？想來想去，還是沒弄明白。

無念——念念分明，不執著於一念

事實上，所謂「無念」，其實包含很多的念，並且是念念分明的，重點在於念念分明的同時，又不染著於任何一念，這實在太難了！一般我們有念時，就是跟著念走，面對這種情形，用的方法不是叫人什麼念頭都不要有，而是要提起「正念」。「念」是真如的作用，也就是心的作用，假如沒有了這個作用，心的作用就失去了，人就不能修行。

無念並非要人什麼念都沒有。有些人打坐，心想著無念，就是要把念的作用通通放掉，結果還沒進入無念，倒先掉進了無記。無記的情形各位都經歷過，尤其是在睡覺的時候。人睡著時，並非無念，而是懵懵不見念；念還是有的，只是此時的心，因掉入癡的狀態，也就是昏昧的狀態，使得前五識的作用變得模糊不清，而無法覺知。但在此狀態中，我們偶爾還是會發現念的存在與其作用，佛法稱此為「獨頭意識」。

人的念，常常是緣於前五根、五識的作用，當見、聞、嗅、觸到各種不同的外境，導致內心產生各種反應，生起了各種各樣的念，這些念，即使睡覺時前五根、五識停止了作用，但更深層的意識、末那、阿賴耶三識，仍會持續作用，甚至在人去世了之後，前六識功能暫時停止，也就是上述不與前五識產生連繫的獨頭作用也停止了，然而此時含藏在更深層的作用，依舊會持續運作。總括來說，心的作用仍持續，但人對此無法覺知，這樣的狀態，即是掉入了昏昧。

無念並非沒有念頭的無記

還有一種狀況是，人刻意讓心不起作用，這就是無記，即是掉入了無想定。為何有些人要刻意進入無想定呢？因為念裡頭有很多的妄念、雜念，這些負面的情緒、煩惱的作用，正是苦的根源，所以讓念止息，苦就消除了。佛陀曾入過非想非非想定，三禪裡面也有個無想定，把人的想，即是念的作用令其暫時停止，在此狀態中，人會感到念沒有了，煩惱沒有了，好像什麼事都沒有了；可是只要一出定，念、煩惱的作用便全部現起。所以佛陀發現，不是無想就能解決問題，因此覺悟後，他不直接說無想、無念，而是說正念，從比較正面的角度，肯定念的功能，使其與正見、正法相應。我們用功的方法，基本上也是如此，亦即讓自己時時刻刻安住在正念上。

到了禪宗，則更進一步，連正念的作用都要無掉，因為正念也可能為人所執著。昨天談到坐禪時的淨觀，有人會想像有一個清淨的心、清淨的境界，修行就是要看著這些，結果這些就成了一種執著；換言之，當我們有了正念，很可能我們就會抓住這個正念，變成一種執著。好比我們用方法，以念佛為正念，於是就抓住這個念佛，抓到最後不肯放。事實上，正念，或說方法，它的功能好比渡船，是要把我們載到彼岸去，到了彼岸後，我們如果覺得這個方法很好、正念很好，捨不得放下它，還要帶著它，就如把船揹在背上走，這樣不是很奇怪嗎？因此，禪宗主張連正念都要無掉。所謂無，並非沒有這些念，而是知道有這些念，甚至對其了了分明，可是不受它們干擾，不染著於念，這就是默和照。

無，就是默的狀態，不執著、不染著，此時念的作用還有嗎？有的，而且很清楚。這就回到了自心清淨，也就是悟的狀態。相對於悟，迷的狀態表示念多為雜染，而悟的念則是清淨的，而同時又不執著於這些念是清淨的；簡言之，就是不染。心所有的功能、作用仍然正常的運作，只是不再起執著，這就是無相，離一切相。

無相——面對世間相，不受相之干擾

離相的意思並非是沒有相，相可能沒有嗎？我們每天在生活中談無相，好像是說我不要看，就能眼不見為淨，但真的是這樣嗎？眼睛沒有在看，卻是在心裡想，這樣是有相或無相呢？世俗中常常聽到這樣的玩笑話，我們看到一個美麗的人，不論是男是女，一直盯著看，結果就被人玩笑說：「你看到眼睛都發直了！」其實人喜歡看美麗的東西，這很正常，但既然被玩笑過，下回又來了一個美麗的人，你就沒再看了，可卻還是被玩笑說：「你沒看，但你在想啊！」沒看，但用想的，有相沒相？還是有相，心裡面的相就是想。即便你說我不執著，不去看他，但卻是在心裡想他。我們很多時候不都是這樣嗎？很多修行人也是如此，說眼不見為淨，不要看了，可是心裡還想著，這仍是染著，而非真的離相。

離相並不是沒有相，而是我們的心能夠遠離。我們都知道「出離」，出離的意思不是說我不要了，很多人誤以為出離就是不要，但其實這不是出離，而是拋棄、放棄。各位用功時也知道要無相，假如用功時腿痛了，此時的無相不是指沒有痛的相，而是指你的心能夠遠離它，在痛的時候還能夠離相，這真是太不容易了！如何能不執著於痛的相？你說乾脆把腿放了，就不痛了；但這不是離相，而是放棄，你沒有想要繼續用功，沒有以默照的方法，在當下了了分明，同時遠離痛的相且不受干擾，而是選擇了逃避。你說不能夠把腿放了，那麼痛的時候要怎麼辦呢？沒辦法，你還是要繼續坐，並且學會出離、超越痛。既然非坐不可，於是你想出一個方法，乾脆把腿雙盤在禪床上。從前的床，和椅子是同一個意思，坐的也稱為床，然後把你綁在床上，讓你不能離、不能逃避，讓你痛。人都快痛死了！這是要怎麼離法呢？你說沒辦法，既然綁著待會一定會痛，不如先幫我打個麻醉針或吃個止痛藥好了，這就是一般人慣常使用的逃離、逃避方法。

為什麼有些事，最後會落到無法處理的地步呢？因為我們往往是用逃避的方法，不敢去面對它、接受它，當然更深一層，是我們不懂得怎麼去處理它。其實處理，就是出離，這兩個字彙的發音用得太好了，處理即出離。諸位天天跟著聖嚴師父念「四它」，處理的同時就是要出離，能不能夠離相，能的話就對了！可是我們往往做不到，我們不是染著於相，就是逃避，要不就是擺盪在這兩者之間，而沒有真正的出離，真正的離相，才是真正的無相。

生活中一切相皆是禪

話說回來，何以人能做到出離、離相與無相呢？那是因為心本是清淨的，所以很自然地能夠遠離相，不染著於相，恢復清淨自性。「無相」與「離相」在禪法與禪宗的修行上，是相當重要的，中國的禪法之所以能夠應用在現實生活中，從吃飯睡覺到搬柴運水都是禪，也就是生活中所有的一切運作、一切相，通通都是禪，這個禪指的正是無相。能夠做到無念、無相，我們在日常生活中即得大自在。換言之，不管什麼相，我們就是面對、接受、處理它，處理的同時，其實就放下了。因此，處理加放下，就是出離。離相並非逃避它，而是在心理上離它，至於心何以能離，那是因為心本是清淨，本不染著於相；人之所以會染著於相，是由於心處於迷的狀態，一旦悟了，心即處於清淨的狀態，不起染著。

不染著，並非是指不染著於相，因為相本身並沒有所謂的清淨與雜染，清淨與雜染，是我們的心在迷、悟的狀態中，對相所做的反應。從這個角度來看，禪宗的自心清淨，並沒有把一切分成兩邊，《心經》就講得很清楚了，不生不滅、不垢不淨，也就是不垢不淨、不增不減，一切法本性皆如此，而無相對。所以我們講無，又有雙重否定的意思。無再無，就是把所有相對的作用都無掉。如果我們一念悟，自心清淨的功能顯現，則一切法皆是清淨。

我們先前談到，佛說法，不管說的是什麼法，都是無自性的；反觀我們，說法都有自性，都會落一邊，這是因為我們還不能無相，所以還是從有相上來說法，我們也還不能無念，仍會受到念的作用，即雜染的干擾。若能做到像佛一樣無相、無念、無自性，則一切法皆能順著心本然性的清淨去運作，開悟的人所說的法都是清淨法，顯現的行為也都是清淨的。我們一再提到中國禪宗的祖師們，能運用許多不同的善巧方便，而這些方便法有些看來甚至是雜染的。事實上，我們會將其視為雜染，是因為我們的心還沒有離相，仍染著於相，因此相的相對就顯現出來了，當我們染著於相，就會看到它的相對，看到它雜染的這一邊；但開悟的禪師在運作時，是以清淨的心在運作，所以在他運用善巧方便度眾生的當下，他是依相離相的；換言之，他並沒有逃避這個相，也不是把這個相當作不存在。

可是很多學佛人，要不就是逃避，要不就是把相蓋起來，當作沒有，認為這樣就叫無相，他們動不動就把「無常」、「無我」掛在嘴上，但當他們使用這些字眼時，反而是染著於常見和我見，因為所有的相之於他們，只要是覺得不好的，就趕緊逃避，以為逃避就沒事了。可是我們知道，現實中很多事，是不可能逃避的，所以正確的作法並非是逃避或否定相的存在，而是要做到離相、無相，也就是不受到相的干擾。

以默照工夫練習離相、無相

現階段我們可能還無法以清淨心做到離相、無相，但至少能做到默照的工夫。相清楚嗎？清楚，這是照；心有沒有被干擾？沒有，這是默；方法如何運作？用正念。如果能夠無念，當然最好，若還不能，至少我們有一個正念：所有面對的現象，都是因緣和合。假如相所呈現的是雜染的、負面的這一面，這一方面是由於外在的因緣，再者是我們內心對它的反應，而禪宗則著重於後者。默照的工夫，就是對於一切相，心不受其干擾，並且了了分明，在此過程中，由於你沒有逃避它，因此你能夠面對、接受、處理它，最後出離它，也就是放下它。

然而，面對被認為是不好的、雜染的相，我們有時還是會採取逃避的方式，或試圖掩蓋它，應該如何面對和處理？以腿痛為例，假如出現腿痛的相，你先接受它是一個事實，然後再以正確的方法處理、放下它，在這整個反應的過程中，你盡量讓自己的心不被干擾，將心安住在默照中，持續用正念的方法，幫助你處理、出離它。可是很多人面對腿痛並非如此，而是輕易地選擇放棄、放腿。看各位有時坐在那兒坐得很煩，怎麼辦呢？就不坐了，然後跑出去走走啦，或拜拜佛啦。其實這在某種程度上，就是逃避。

所謂用功，就是要在當下處理，而不是逃避它。你的心很煩，去觀它；坐不下去了，看是來自身體，還是心理的干擾，去看它、處理它。諸位要知道，逃避久了，就會養成習慣。雖說拜佛本身很好，但如果你習慣了只要腿一痛，坐不下去了，就要起來拜佛，這可不行。先前我們談到，有的同學，當大家在打坐時，他就要拜佛，大家拜佛他又跑來打坐，這其實就是逃避。甚至還有同學，坐得不是很好，可是坐懶了，他就乾脆打起瞌睡來，早課也不起來念，這就不是在當下用方法了。他可能會說：「我很累，沒力氣念了。」那麼選擇躲起來睡覺，就是當下最好的方法嗎？其實他應該提起精神來面對。既然是做早課的時間，就是要來唱，何況也不是要他一個人唱給大家聽，就算只是發出很微弱的聲音唱也是可以的。試想全部的人聲音都很微弱，但集合起來就變得很大聲；假如全部的人都不發聲，那豈不是要累壞了維那？所以在什麼時間應該做什麼的時候，就去面對，不要偷懶，不要說：「我很累了，我連唱都沒有力氣了。」你說沒有力氣，怎麼還有力氣睡覺？這就是一種逃避。所以打坐時，我們就好好地坐，早課時，仍然坐在蒲團上，但要把眼睛張開，不要閉著，這樣容易睡著。

回想我們從前受戒的時候，那真的是太累了，累到什麼程度呢？三皈依有三拜，拜下去後沒那麼快起來，還會停個一、兩秒，就這一、兩秒的時間，我們也能睡一下，可見我們有多累，但是睡一下還是要起來，如果引磬一響你還睡在那兒不起來，可就慘了，引禮師就過來找你了。即使再累，睡著了還是要醒來；同樣地，諸位做早課，也要把眼睛張開來念，這就是面對，不要避開。坐得很煩躁，去面對，看究竟我們的心在躁什麼；身體不舒服，這到底是什麼狀態，去看它。否則，人真的很容易養成逃避的習慣，有些事發生了，我們就先避開，逃避它，不去看它，當作沒看到，養成了這種習慣後，突然有事發生在你身上，避都避不開，此時你很可能就會措手不及；反之，如果每回有事發生，你都是去面對它，慢慢地，你就會累積愈來愈多處理事的智慧。

無住——生滅流動，不停在任何一點

相不可能不存在，心也不可能沒有念，假如沒有念，心就沒有了功能，重點在於我們要學會「怎麼無」。既然相是有的，念也是有的，那麼所謂的無，就不是否定這些相與念，更進一步，則是雙重否定，「無無念」，即是知道有念，但不染著於它，清楚地見到相，而能夠離它。之所以能如此，乃因為一切法都是流動的，所以無念就是不住在任何一個念上，無相就是不住在任何一個相上。「無住」，因為所有的一切都是流動的。

我們的問題正是在「住」。停住，所以打坐的時候，總是有一堆過去的妄念浮現，包括方才生起的妄念，這就表示你的心住在過去。另一方面，如果是想到未來，這一梯禪期過了一半，有些同學準備要出去了，他就開始想著出去後要做哪些事，心就住在了未來，而同時他的心也住在現在，因為腿痛仍讓他起煩惱，他住在這個相上，沒有離相。

對所謂的「無住」來說，有沒有一個剎那叫「現在」呢？沒有。剎那剎那生滅，都是在流動的過程中。人的心，在剎那剎那生滅的過程裡，不住在任何一念上，這就是無住，也正因為心不住在任何一個過程裡，所以剎那剎那的心都是安的，此即為「安住」。「安住」與「無住」，恰是從兩個不同的角度看，無住是知道整個過程都是流動的，所以心沒有停留在任何一個點上；也因為心不停留在任何一點，所以心是安住的。

了解了這個狀態後，我們在用功時，就要依念，而不染著於念。換句話說，不是把念當作不存在地否定它，而是雙重否定，也就是「無無念」，知道有念，但不執著於念，此即為「依相離相」，接著「無住生心」，心跟著因緣剎那剎那地流動，每一個剎那都不染著於任何一個狀態，不停住在任何一點上，因此每一個剎那皆是當下，皆是清淨的作用。

心的本性本該如此，可是我們卻讓它停住了、染著了，執著於相上；但究其實，這也是心正常的功能運作，其差別只在迷悟之間。我們的心現在就是處在迷的狀態，所以才要學習《壇經》中六祖的教導，藉此明瞭心的所有功能、作用，知道所有顯現的相，心都能夠清楚地照見，同時遠離。遠離就是心不受其干擾，並且在無住流動的過程之中，都能了了分明。這樣的心，是安穩的、不動搖的。不動不是停在一個地方，而是心的功能仍不斷地運作，但因為在流動的過程裡心不停在任何一個點上，所以心是自在的、快樂的，並且這個作用是恆持的。這就是「常樂我淨」。

人因為心理不平衡，對一切有所分別，無法平等對待，心便隨著境不斷地轉動，不是住著就是被干擾，而後引發更多的作用，由此形成了輪迴。這樣的心，是雜亂的、不斷變化的，而變化又讓我們生起更多的擔心，於是希望抓取一個恆常不變的東西，期待內心具有一種真常不變的作用；但愈是這樣，人的常見、我見就植得愈深，這反而成了一種顛倒見了。當我們把這些全部清掉，此時心反而能保持在安穩的狀態中，為什麼呢？因為沒有一個相能干擾它，沒有一個念能令它染著，繼而產生雜染的作用，這樣的心，又清淨又自在，自然是寂滅，而於此同時，心的所有運作仍能安穩保持著，這才是禪宗所謂清淨的自心。

無念、無相、無住，中國禪法特質

綜上所述，無念、無相、無住，即是中國禪法的特質。我們現階段的工夫雖然還無法直接體證到這些特質，仍需要以方法、技巧，與種種的正念來幫助自己持續精進，但隨著用功愈來愈得力，心愈來愈凝聚，就能漸漸地學會如何面對相而不受其干擾，面對念而起不染著，同時讓心在一個總是流動的過程中保持安住。更進一步，若能把這樣的工夫用得很好，日常生活便能時時處處皆是禪，這就是禪的境界。此時，你會發現不論是求學，或是領執出來服務，心都是處在無念、無相、無住的狀態裡，那麼不管把你放在哪裡、做些什麼，你都能夠自在，因為你沒有逃避，而是面對、接受，然後處理、放下。你出離了，所以你能夠做得很好，這就是學習的一個過程。

各位看《壇經》的內容，講述得很深、很微妙，但同時又能直接在日常生活中運作，這正是中國禪法的一大特色，也因為《壇經》有如此深入淺出的引導，所以它能成為整個中國禪法的思想源頭。我們看六祖的文字，用的非常簡單，各位很容易就能讀懂；但它在思想方面的微妙，以及在運作上、用心上的方便善巧，不論從解門或行門來看，皆對我們的禪修起著很大的作用，所以我們要好好地學習六祖在《壇經》中的教導，循序用功。

〈第五講〉

禪的皈依：無相皈依

《壇經》的無相三皈依戒，就是無相戒。
當修行證得自性清淨，就是皈依自性三寶。
自性三寶是自證自知的，
一個人若真正有修為、有體驗，
他一定會願意接受事相的皈依，
因為他沒有慢心，會以皈依三寶為基礎，
接受事相上的皈依和受戒。

昨天我們談到《壇經》裡的三個無：無念、無相、無住，接著我們再來談《壇經》裡的皈依。

我們都知道，學佛最基礎的，就是三皈依。皈依三寶後，接著還要受持五戒，合起來就是「三皈五戒」。每次在法鼓山打完禪七，我們都會安排三皈五戒的儀式，其實在禪宗的禪七裡，是沒有安排三皈五戒的，但我們針對在家同學，都會特別安排這個儀式，這是承傳自聖嚴師父。早期師父在每次解七時，都會讓大眾再受一次三皈五戒，這部分對在家同學特別重要，因為佛法修行的基礎，就是依三寶而修，落實在日常生活中，就是從最基礎的根本戒律，也就是五戒做起。因此，每次進行這個儀式，我們都要念三皈依，接著再受五戒，雖然很多同學已經皈依過了，但解七前，還是要讓大家再一次地熏習。

皈依三寶，是佛弟子之根本

傳統上，中國佛教的皈依和受戒是可以分開的，此外，受持五戒時，還有所謂的一分少分、多分滿分等受持的方法。此傳統可上溯至佛陀時代，當時就有三皈五戒，然而當時大部分的信徒，即使皈依了三寶、受持了五戒，卻仍保有他們原本的婆羅門信仰，或是還有向其他的老師學習，針對這一類的信徒，佛陀就讓他們受三皈五戒，除此之外，就沒有其他的戒條或規矩。簡言之，相較於當時出家僧團的生活有比較多的規矩、戒律，在家眾受持的則是最基本三皈五戒，若要再更進一步，則可受持八關戒齋。

八關戒齋，是讓在家人學習的出家戒，這八條戒律與沙彌十戒是一樣的，沙彌十戒是把八關戒齋的戒律分成九條，再加上一條不受持金銀財寶戒，成為十條。從原始佛教到部派佛教、初期大乘佛教，在家人每半個月會受持一次八關戒齋，利用一天的時間學習出家人簡單的生活，同時培植出家因緣，這樣的傳統目前在南傳佛教國家仍很盛行，不過以往是每半個月受持一次，後因西曆普及，漸漸地就從半個月改為每星期利用一天假日受持。

至於受持八關戒齋的在家眾身分，並沒有特別限制，除佛教外，他們仍可以是其他宗教的信徒，甚至佛陀對於來皈依受戒的在家弟子，還會付囑他們，回去之後仍要對原本信仰的宗教師，保持供養以及尊敬的態度。《善生經》中的禮拜上方，描述的就是信徒和宗教師之間的種種互動，這當中除了談到沙門，也談到了婆羅門。由此可知，對佛教而言，在家信徒的生活，可包含各種宗教，即使後來學佛了，仍可保有原本的宗教信仰。類似這樣的情形，在中國佛教更加明顯。佛教傳入中國後，許多中國的傳統文化，依然保持著，也因此很多皈依三寶的信徒，入了佛門後，仍然保留民間的信仰，例如祭拜祖先、供奉神明等等，正是因為沒有絕對的限制與嚴格的規範，所以受持三皈五戒，並不會跟原本的宗教信仰或文化傳統產生衝突。

相較於此，僧團生活就有比較嚴格的限制，受持的戒也比較多。除了戒外，還有律的生活。戒和律，有止持與作持之分，規定我們什麼不應該做與應該做的，藉此為僧團生活的規矩建立起一個比較嚴明的規範，供我們遵守。但不論出家在家，在受持種種戒律之前，最基礎的都是皈依。皈依三寶後，在家人可受持五戒，要受持八戒的話，也是在皈依三寶後再受持八戒；受出家戒者，有沙彌、沙彌尼戒，先皈依三寶後再受持這十戒，比丘、比丘尼戒亦然，也是皈依三寶後再受持，菩薩戒也是如此。

由此可知，皈依三寶不僅是學佛的最基礎，同時提供信徒一個信仰與心理歸向的中心。在此所談的三寶，並非指某一個信仰的對象，而是要強調具足三寶，也就是佛、法、僧的重要性。佛是最主要說法的人，但實際上皈依三寶的中心是法，法才是學佛的中心；我們既然皈依法，就要尊重說法的老師，而根本的老師是佛，所以皈依佛；除了說法的老師外，還有代代相承的僧團，他們也是傳法的老師，所以皈依僧。這是一般對三寶的簡單理解。

皈依三身佛：法身、報身、應化身

談到佛法的修行，一定離不開三皈依；但我們也發現，《壇經》講的三皈依，和一般講的三皈依不太一樣，它指的是皈依三身佛，也指無相三皈戒。三身佛，即法身、報身、應化身。一般講三皈依的皈依佛寶，也可以稱為皈依三身佛，受菩薩戒時，我們的戒師就包含了三身佛。此外，皈依還有不同的層次，一般最直接的講法是皈依「住持三寶」，因為本師釋迦牟尼佛已經圓寂了，他當時說的法，我們現在已經聽不到他親自所說，但法則由僧團一直保持著，而所謂「住持」，指的就是維持三寶，使之流傳。例如為了「住持正法」，所以佛涅槃後，先是有菩提樹、舍利塔等象徵，代表佛身，後來則有了佛像，這些都屬於住持佛寶；另外，佛也提到他的法要交由僧團傳承，而這些所謂的「住持」，通過漫長的流傳與發展，內容愈來愈豐富，包括佛的法身，即佛陀的教法，與生身，有生、老、病、死的可見身，以及前面提到的三身佛：法身、報身、應化身，不同時期的佛法思想，都慢慢地融入了住持正法的內容之中，尤其到了大乘佛教，早期強調的是佛的生身與法身，即住持佛寶上，後來則著重在住持法寶，也就是經典上。這些經典通過歷代祖師不斷研究、注疏、集結，而成經、律、論三藏，整編而成《大藏經》，這些都屬於住持法寶；至於現代所謂「僧團」的組織，則屬於住持僧寶。

皈依三寶，指的就是修行人有一個皈依的對象（法），再者有皈依的老師（佛），然後可以跟著老師來學（僧），這在佛法的修行上，以及佛教的儀軌中，都是很基礎的部分；但我們也發現，有些人認為住持三寶，對他來說境界不高，因為這些都是形式，像是佛像、經書等等，此外他們身邊也常常出現出家人，由於太容易接觸了，就覺得這些法師似乎修行還沒他的好。他們當中有些人學佛的程度確實滿深的，修行的工夫也很好，但也有些人還沒有多少修行，只是多讀了一點佛書，就自視甚高，以為自己不需要皈依住持三寶，因為他覺得，本來皈依的意思就是要跟著三寶學，可現在佛不能教他了，法自己讀就可以了，至於僧寶，說不定自己懂的比他們還多，「我還可以當他們的老師呢！」也因此，他認為自己既已皈依了三寶，就不需要再皈依住持三寶，若真要皈依，也應該是皈依理性的三寶；甚至還有一些禪修者，境界更高明，他皈依的是自性三寶，這就是《壇經》中接著要談到的，所謂「無相三皈戒」。

皈依自性清淨的三寶

《壇經》的「無相三皈戒」，也稱「無相皈依戒」，也就是「無相戒」。之前我們談到無相，指的是佛法修行開悟的狀態，能達到這個程度，就是自性皈依，亦即皈依自性清淨的三寶。這樣的一種皈依，當然很好，但修行要達到這個程度，很不簡單。所以一個踏實的修行人，或是仍處在初階的人，還是要老老實實地皈依住持三寶，然後禮拜出家人為師，或供養僧團等僧寶，畢竟佛已經涅槃了，經典則是流傳在文字上，佛法雖然微妙，但若是沒有人講解它，一般人也不容易理解，仍需要靠住持僧寶來弘揚。

因此，住持僧寶，也代表了住持三寶。皈依儀式之所以由出家人主持，就是要讓住持僧寶做為整個住持三寶的代表。而在中國佛教的系統裡，由於中國人對家族的重視，所以皈依儀式裡有一個中心的人物，也就是皈依師，由他來傳授皈依。至於南傳佛教，他們則是早晚課都要念三皈五戒，而且三皈五戒是一起的，受持三皈的同時就自動受持了五戒，這是漢傳和南傳佛教在皈依儀式上的差異。我們在受持三皈五戒時，就是跟著法師念，念完了就受持了，至於是哪位法師帶我們念並不重要，因為我們皈依的是三寶，而不是一位師父。

相較於上述的皈依住持三寶，《壇經》中所講的皈依三身佛，則比較特殊。我們知道三身指的是法身、報身和應化身，隨著大乘佛教發展，其內容也愈加豐富龐雜，因此有些人就專門研究這個題目。三身是從早期的法身與報身演變而來，方才也提到，生身是可見的、有生老病死過程的身體，法身則是所說的法，是無形相、可傳承的。在佛教發展的過程中，針對佛陀的報身也做了不少研究，一派認為佛陀的生身與一般人無異，另一派則是導向信仰的層次，認為佛的報身一如法身，也是無漏的。到了大乘佛教後期，除法身外，報身則演變為應化身，另外再加上報身，就成了三身。之所以多了報身，主要是針對菩薩的修行而言。報身有自受用、他受用之分，自受用指的是佛陀入涅槃的作用，這個作用只有佛自己知道，他受用則如《八識規矩頌》所云：「如來現起他受用，十地菩薩所被機。」是顯現出來用以度菩薩眾的作用。菩薩道思想發展到後期，內容相當豐富，其中講到菩薩修行的五十二位階，是以十地菩薩為中心，十地加上等覺、妙覺，就是成佛前最後的十二個聖人位階，佛現報身，就是為了對十地的菩薩說法。從初地到十地，據說佛所現的報身各有不同的莊嚴，每提昇一個位階，菩薩所見的報身莊嚴就有十倍的差異。打個比方，如果初地菩薩所見的佛有一丈高，二地菩薩見到的就是十丈高，三地則是百丈，以此類推。當然，此處所講的都是修行體證的所見。

至於《壇經》所提出的皈依三身，從內容看，我們發現，它和剛才所說的三身又不一樣。諸位知道我們的六祖惠能大師，雖然沒讀過書，但他所講的佛法，很奇妙地，有些聽起來似乎是引經據典，而有些又好像是他自己的體會。我們讀《壇經》最開頭的一段，提到六祖的生平，他的父親是一個官，被貶謫到偏遠的地方，並且很早就過世了，也因此，六祖失去了受教育的機會。雖然如此，但很多事，你說他不懂，他又好像懂；他說自己不認識字，可是念經給他聽，他都明白是什麼意思，而且念的人不懂，聽的人反而懂了。《壇經》中常常出現類似這樣有趣的內容，以及屬於六祖個人體會的描述。

例如他所講的三身，就和大乘佛法講的不同，這就是屬於他個人的體會，只是借用三身來說法。

漢字的活潑與詩意

類似這樣的情形，在中國佛教裡，特別是在佛典漢譯的過程中，常常出現。最早漢譯的佛典，是從梵文或西域的文字翻譯過來的，汲取的是原典的字義，演變到後來，祖師們解讀經典時，變成是直接詮釋漢字的意思，用的則是他們各自對文字的理解，而這樣的理解，又不一定符合經典字面上的意思。我們知道佛法的傳承是非常嚴謹的，但何以在中國，祖師們詮釋經論，可以有這麼大的自由和空間呢？這就和中國文字的特色有關了。

回溯漢字歷史，最早是由秦始皇將文字統一，但因為秦朝僅維持了數十年，時間太短，因此大部分較正式的文字規範，都是立於漢朝，所以儘管秦朝有建立文字之功，但後世仍將中國文字稱為「漢字」。秦始皇所統一的文字是小篆，各位如果會寫書法的篆體，就會知道，這個字體是很難寫的，因此當時只有少數人會讀、會寫，為了落實文字的推廣與普及，必須將小篆發展出更簡單的筆畫，於是找來了一群奴隸來書寫，所以漢朝時的隸書就是這麼來的，指的就是奴隸寫的字。

但後來有學者發現，在秦朝與漢朝之間，就有一種稱為秦隸的字體出現，只是它比漢隸要複雜些，所以很快地為漢隸所取代。從秦朝的篆書到漢代的隸書，再到後來唐代的楷書，這中間還經歷了一次過渡期，發展出魏晉南北朝的魏碑體，並留下了不少書法名帖。在中國的書法界，對於每個轉換時期發展出的各個字體都非常重視，借書法藝術綜觀文字演變，各字體間都有一些相關聯之處，所以即使是最早期的文字，我們現在還是可以看得懂。

此外，中國文字是詩意的文字。從字面看，它沒有嚴格的定義，一個字用在不同的地方，可以是動詞、名詞，也可以變成形容詞。事實上，中國文字是沒有文法的，一直到西方文字傳入，才有所謂的文法。從前中國人用字，因為沒有文法，要怎麼用都可以，因此創造了很大的空間。我們說中國文字是屬於詩的文字，中國人最會寫詩，並留下許多傳世詩作，就是因為這個文字太詩意了，有太多的想像空間，所以一首詩讀完之後，每個人對它都能產生不同的體會，而不像寫理論，必須很嚴格地規定文字的用法。

由於文字的詩意，所以中國人在文字運用上非常地活潑。閱讀中國佛教歷來的論師與書寫的大德們的著作，可以發現他們的用字都非常活潑，當然翻譯的時候是相當嚴謹的，可是一翻譯為漢文，文字的活潑性就出現了，隨後的應用也是如此。因此，中國佛教的祖師大德，對於經典的詮釋，有很大的空間，可以融入自己的體會，而這體會未必與經典所述的內容相符。了解這樣的背景，就能明白，何以六祖用了三身這個字彙，其涵義卻和大乘佛法所謂的三身不同，這是中國文字的特殊性，所賦予的詮釋上空間。

不僅六祖如此，包括智者大師所詮釋的《法華經》思想，也是如此。同時我們也發現，他們所用的文字都很美，例如智者大師講《摩訶止觀》，後來天台六祖湛然大師寫的《摩訶止觀輔行傳弘決》，四字四字一句，用的文字也很美。像這類中國佛教的論典，我們很少用「論」稱呼它們，而是稱為「疏」。論典多是指印度論典，所以中國沒有論師。一直到近代，印順導師的《成佛之道》，是先寫偈誦，再寫長行散文體來解釋它，這就是印度論師的風格；再者，他在中觀上有深入的研究，也因此被看作是近代的一位論師，而在此之前，中國幾乎是沒有論師的，即便如智者大師，他在僧傳中也是被歸納為禪僧，不是義理的，而是屬於禪修的。綜上種種，可見中國佛教活潑的一面。

無相三皈依：覺、正、淨

至於《壇經》中所講的皈依三身佛，與一般理解的三身不同，這部分各位有空可以自己去閱讀；另外還提到了無相戒，這點似乎很重要，但六祖在經中也沒有講得很清楚，只講到無相三皈戒。他的三皈不是皈依佛、法、僧，而是皈依覺、正、淨：皈依

「覺」兩足尊，皈依「正」離欲尊，皈依「淨」眾中尊。佛、法、僧是具相的，所以六祖不講這個，他講的是理。佛即覺，法即正法，僧即和合安樂清淨的僧團。所以他的講法，就回到了自性，強調皈依不是外在的，而是皈依自性三寶。另外，他對皈依自性的解讀也很有意思，平常我們每天早課都要念自皈依佛、自皈依法、自皈依僧，六祖就問，為什麼要念「自」皈依，而不是「他」皈依呢？這個「自」是什麼意思？是「自從」皈依三寶，還是「自己」皈依三寶呢？最後他給的回答是，「自」，指的就是自性，所以自皈依，不是要皈依外在的三寶，而是皈依自性三寶。

再者，《壇經》中講到了無相戒，其內容和戒律有關。當時流行的是《梵網經》菩薩戒，我們現在受菩薩戒，用的還是這個本，此外還有在家眾的五戒、八戒，出家眾的比丘、比丘尼戒；可是六祖對大眾講戒，都不講這些，他講的是無相戒。

在佛法的修行裡，講到無相，指的就是覺悟後的境界，所以只要悟到自性清淨，就是無相戒。很多禪修者以為修禪不用受戒，因為既然稱為無相戒，就是沒有形相。但要知道，能皈依自性清淨的三寶，受持自性清淨的無相戒，表示開悟了。開悟，大家都嚮往，很多人正是為此而來禪修的，但有些人，禪修只有了一點點體驗，就想著開悟，以為這樣就皈依了自性三寶，受持了無相戒，他既不需要形式上皈依，也不需要形式上的受戒，什麼都不用做了，他甚至還把《壇經》背熟，隨口就能說出六祖是在哪段講皈依自性三寶和受持無相戒，可是他說的時候，心裡卻充滿了煩惱，其中最大的煩惱，一定是慢心——未證說證的增上慢。還沒有得到體驗，就以為自己得到了，這是愚癡加上增上慢，也就是還未證，卻對此無明不知，並自以為是。尤其禪修的人，如果知道自己還沒有得到體驗，但為了要得到別人的尊敬，或名聞利養，就未證說證，這就叫作「大妄語」。一個人如果有本事靠妄語騙別人的錢財，甚至把別人財產都騙光了，他的妄語還沒有未證說證的大。「未證說證」是最大的妄語。

回到實相，受持住持三寶

事實上，佛陀當初制定戒律，即是跟修行有關，而在佛法的修行裡，證得了自性清淨，就是皈依自性三寶；但我們也知道，自性三寶是自證自知的，沒有辦法拿出來看，所以還是必須回到實相，受持住持的三寶。其實一個人若真正有修為、有體驗，他一定會願意接受事相的皈依，因為他沒有慢心，沒有增上慢，也沒有妄語的心，他會以一顆清淨心，明瞭整個佛教的組織，以皈依三寶為基礎，因而願意接受事相上的皈依和受戒。

如果把受持無相戒，理解為沒有戒要受，這是有問題的。對真正能夠受持無相戒的人來說，並不是沒有戒條，而是因為心清淨了，所以戒條對他來說，是多出來的東西，至於對凡夫而言，戒律還是很有用的。所以受持戒律，基本上仍屬於世間法，要到菩薩戒設立之後，才能從世間通往出世間，而在此之前，世間法的戒律還是要受的。全部的聲聞戒，只有一生受，一期生命結束了，戒就自然捨掉；八關齋戒雖是一日受，但發的是盡形壽皈依三寶的願心；至於菩薩戒，則是盡未來際受。

以上這些戒，在事相上還是有的；至於無戒，沒有戒可守，指的是已不會再犯戒，初果以上的聖者，就不會再犯，既已不會再犯，那麼戒律就沒有了功能，因為他們根本不會去犯那些錯。有一說是在家人可以證初果、二果、三果，所以阿羅漢有可能是以在家的身分證得，但當證得阿羅漢後，就一定會出家。對於證得初果的聖者來說：「初果耕地，蟲離四寸。」指的是即使耕種鋤地，他們也不會犯殺生戒。反觀我們，一定是一不小心就鋤到一隻蟲，或傷害到一些生命；但初果以上的聖人不會，因為他們會有一種感應，知道自己鋤下去的地方，有沒有蟲在那裡。

各位知道弘一大師持戒相當精嚴，聖嚴師父也是，弘一大師每次要坐上藤椅前，他一定會蹬蹬幾下，意思就是跟這些蟲說：「不好意思，我要坐上去了，請你們避開一下，以免我待會兒壓到你們。」這就是守戒。弘一大師以律宗為他最重要的受持，對這些微小處，他都相當細心謹慎，所以在形式上，他能夠把戒守得很好。

對於真正解脫的人，他們的心與身體的行為是一體的，所以不會犯戒，因此有沒有戒對他們而言就不重要，可是我們還是凡夫，還沒有這種體驗，千萬不要以為無戒可守，這樣很危險，寧可回到正規的三皈五戒，皈依住持三寶，受住持的戒律。當然我們也知道，修行是要朝往無相的方向，以此為目標來修正我們的行為，但為了顯示世間法的基礎與可貴，事相上還是要受持的。

早期通戒：諸惡莫作，眾善奉行

佛陀修行，覺悟解脫後，先是度了五比丘，後來跟隨他的弟子愈來愈多，就形成了名為「僧團」的團體。事實上，並不是佛陀成立僧團、設立佛教的，這說法是後人安上的名詞。佛陀當時就跟很多印度原有的教派一樣，他只是成立了一個團體，供大眾來學習、修行，其中還有很多在家眾，後人因為這些教法是佛陀所設立的，所以將之稱為佛教，又由於這個團體以出家眾為主，所以稱為僧團。僧團始於佛對五比丘初轉法輪，所以僧團一定是四或五個人以上的團體，經典上常說「千二百五十人」，這當中大部分的弟子都解脫了，至於早期的戒很簡單，佛陀說「諸惡莫作，眾善奉行，自淨其意」就是全部的戒。這真的是無相戒，不說細節，只講原則，大家就都懂了。

後來佛陀開始制戒，是因為團體中有人犯了錯。第一個犯錯的人，不算犯戒，他只是造了一個惡行，但佛陀認為這個惡行對個人的修行與整個團體都有障礙，畢竟弟子犯錯，在社會上就會形成輿論，所以一定要制止。另一方面，早期由於沒有戒律，有些弟子即使犯了錯，他還不知道自己的行為做錯了，後來是有人把這種情形告訴佛陀，佛陀才開始制定戒律。

初期的戒律並不多，例如持午戒，這在當時只是一種生活方式。當時所有的出家人，都要托缽乞食，一天只吃一餐或兩餐，大部分是吃一餐，因為乞到食物回來，就差不多中午了，吃了這一餐後，下午就不吃了，為什麼不吃？因為出家人都在修行了，哪來這麼多時間忙其他事務，假如早上也出去乞食，下午又出去乞食，那可能什麼事都不用做了。所以僧團，或說沙門的規矩，就是過午不食。

佛陀制戒的緣起

其實這些沙門規矩，原本是讓大眾自然地遵守，僧團對此並沒有非常嚴格的規定，後來提婆達多就故意提出更嚴格的戒律，以此表示他的修行比佛陀好。事實上，佛陀制定戒律，很多都是改了又改，或是在戒條上再增加條文。各位如果研究戒律，就會發現，有一些戒條定得非常細膩，這通常是為了因應當時僧團內的狀況而作的增訂或修改，而原本是是供大眾自然遵守的規矩，也往往是因為僧團內有弟子發生了問題，佛才必須定下更明確的戒律。

例如當時僧團內有一個弟子，身材很高大，長相很不好看，他原本是佛陀的父親派來照顧他的，後來也跟著佛陀出家，由於他的身材很壯碩，每天只托一次缽，吃不飽，所以他偶爾晚上肚子餓了，還會出去托缽，反正佛陀沒有硬性規定嘛！有一回，他又在晚上出去托缽了，來到一戶人家前，是一個婦女開的門，在暗夜中，這婦女看到門前出現了一個乞食的人，長得那麼高，模樣那麼醜，嚇了一大跳。這一嚇可糟了，因為這婦女是有孕的，受到驚嚇後就流產了。

這件事後來在社會引起軒然大波，大家議論紛紛，說佛陀的沙門都沒有修行，晚上還出來托缽，才會鬧出這麼一樁事。有鑑於此，所以後來佛陀定下了過午不食戒，要弟子務必守好這條戒，很多戒都是這麼來的；但戒律之外，佛陀還有開緣，例如有弟子吃了飯後，要走一段很遠的路，到另一個地方的精舍去，因為路很遠，到了之後可能也餓了，這時他可以請精舍的執事為他準備一點食物，讓他填飽肚子。由此可見，佛陀制定戒律，是順應眾生的，而不是硬性規定，所以才有了具有彈性和善巧方便的「開緣」。

相較於佛在戒律上的彈性，後來我們講到戒律，也可以講得非常嚴格。像是一些修律宗的人，他們守戒就可能守得很嚴格，嚴格到什麼程度呢？舉個例子，早上能不能吃飯，根據戒律，是要看手掌紋的，天亮到看得到掌紋才能吃，看不到就不行。像這一陣子是夏天，可能五、六點就能吃了，假如是冬天，說不定七、八點還沒得吃。從前的人用這樣的作法是不得已，因為他們沒有什麼設定時間的工具，假如我們現在還堅持要守看掌紋決定何時吃飯的戒律，這不僅不便，也太嚴格了。

掌握戒律精神，隨順時代之轉變

現代人就要用現代的方法，我們可以規定更明確的吃飯時間，例如早上是六點或七點吃，中午是十二點吃。我們現在說十二點是中午，其實嚴格的過午不食戒，若要遵守，你得先拿一根竹竿插著，然後站在旁邊看，竹竿影子最短的時候就是中午，另外還要觀察，上午的太陽是從東邊照，所以影子是朝西，當影子從最短轉向朝東，就不可以再吃東西了。現在要你為了守戒，插著一根竹竿天天去看，這可能嗎？太不方便了！因此，即使守戒，也要隨順時代的需要。

佛陀制定戒律，本來就是很活潑的，重點是要把握戒律的精神。假如精神沒有把握好，那麼試問出家人、在家人，抽菸有沒有關係呢？戒律裡並沒有說「不抽菸能持否」一只有問不飲酒能持否；但我們知道不能抽菸，因為只要研究戒律的精神，就會知道菸酒其實是一體的，所以即使沒有不抽菸戒，我們因為把握了戒律的精神，就會自然地禁止這個行為。賭博也是如此，佛陀沒有說守五戒的人不可賭博，雖然《善生經》中有講到，但五戒裡沒有這條戒。事實上，深入戒律的精神，就會知道，賭博犯的是偷盜、妄語戒。因此，我們要把握戒律的精神，而非條文。

至於六祖在《壇經》中講的無相戒，說法很有意思，只要悟得自性清淨，就是受無相戒。但他也強調，要受持無相戒，必須達到開悟的程度，如果還沒到這個程度，就要回到現實，先受持有相的戒律，而不論有相、無相，重點都是要把握戒律的精神。對於修禪的人來說，只要修得很好，有了體驗後，自然就不再受戒律的約束，但即便如此，形式上的戒律，還是必須有的。

當初佛陀制定戒律，是對所有的弟子而定，包括已經覺悟、初果以上的聖者弟子，佛陀還是要他們遵守這些規矩，因為唯有如此，一個眾人和合的團體，才能以顯現出來的事相為基礎，在世間的善法上立根立足，這一點很重要。同樣地，六祖說的無相三皈戒，雖然皈依的是清淨自性三寶，但顯示於外，還是要受持事相上的住持三寶，戒律亦然，在家人還是要受五戒，出家人也要遵守出家的戒律，這才符合禪宗所謂的皈依與受戒。

無相三皈依不離事相三寶

《壇經》中的無相三皈依、無相戒，六祖雖是用很直接、很淺白的文字說明，但道理其實是很深妙的，我們要細心體會，不要錯解，以為戒都不用受了。孔子說他到了七十歲，可以從心所欲，也就是他心裡想什麼，他都可以去做。這個說法也很有意思，這說明了一個真正證得清淨的人，即可從心所欲，放任六根，但要達此境界，仍要建立在自性清淨的體驗上。孔子修到七十歲，才達到這個程度，並且在從心所欲後，他還加上了「不踰矩」，這表示一個開悟、從心所欲的人，很自然地不會逾越規矩。

同理，禪師開悟了，他不守戒，那是因為他不會再犯戒，也就沒有任何戒需要守。既然不會犯戒，戒條對他而言，便形同虛設；但即使他達到了這個程度，需要的時候，即使虛設，他還是會把戒律設立起來。我們看到歷來的禪師建立叢林，結合聲聞戒、菩薩戒，設立清規，所有在叢林道場修行的出家人，都要受持出家戒，這般行禮如儀，乃是為了讓佛教長長久久地住持下去。

諸位要知道，事相三寶、住持三寶，是佛教住持世間最重要的根。明白了這點，我們就要在這個基礎上用功。等到有一天，你覺悟了，心清淨了，你會發現一切事相對你而言，都是虛設的，但為了度眾生，還是要在虛中，把事相顯現出來。

〈第六講〉

禪的懺悔：發願懺悔

修行的過程中，當內心的種種煩惱浮現，
我們就可以用懺悔的方法將之懺除，
然後發願希望煩惱能盡量地減輕，甚至以後不再造。
至於過去造作的，或是潛伏在內心深層的煩惱、惡念，
我們就面對它，
若是它已形成了果報，我們也能夠接受它。

在〈四弘誓願〉之後，還有短短的兩段，是六祖向弟子講懺悔。事實上，懺悔是佛教修行中相當重要的一個法門，而《壇經》的內容幾乎涵蓋了所有事相上的修行，除了先前談到的皈依、受戒、發願等法門，當然也包括現在要談的懺悔法門。不過六祖談的要再更深一些，因為他所談的較諸於事相，則是一種更深層的體會，而不論事相如何多麼樣複雜，講到最根本處，都是從最清淨的自性流露，這點是惠能大師不斷提醒我們的，包括我們發〈四弘誓願〉，所發的願除了是事相上的，也還要回到自性，這樣才是完整的發願。懺悔亦然，所以談到懺悔，我們還是要回到這個法門本身的意義來談。

很多人喜歡拜懺，法鼓山每年都舉辦梁皇寶懺，一拜就是一個星期，另外還有水懺、大悲懺，有的道場還有地藏懺、金剛懺、藥師懺……，種類非常多。我們也發現，拜懺的時候，來的信徒特別多，像法鼓山舉辦禪七，來個一、兩百人就很多了，但如果是拜懺，參與的人數則可能是禪七的十倍之多，似乎拜懺這個法門特別受歡迎。此外，中國佛教到了後期，很多寺院都是靠經懺法會來維持，而舉辦一場拜懺法會，確實對於道場的維持頗有助益，這本身也無可厚非，但從另外一個角度看，很多人因此覺得經懺佛事是屬於信仰的法門，甚至認為它的層次不高，但事實上，懺悔本身在佛法的修學過程中，其實是相當重要的。

真心懺悔即不再犯

一般人如果心理非常健康，可能比較不會犯錯，但即使是這樣的人，在成長的過程中，犯錯亦在所難免，但由於他的心智較為健康成熟，所以對於自己所犯的錯，他會懺悔。而懺悔的意思，從最深的意義來看，指的是懺悔後不再犯，但事實上，能做到這樣的人，是少之又少的。孔子有那麼多弟子，他最喜歡、最欣賞的，就是「不二過」的顏回，孔子說他從來不重複同樣的過錯，而能做到這樣的人，幾乎可以列入聖人之列，至於大部分的人，其實都是知錯了又犯，懺悔了再犯；但也正是如此，所以我們才要常常來懺悔，直到我們能夠做到不二過，也就是過後不犯，那就是真正的懺悔。

在《小止觀》二十五方便的修行中，第一個就是持戒清淨，另外，《禪波羅蜜》針對這個部分，講得要比《小止觀》更詳盡，《小止觀》則是簡化地將戒分為上、中、下三品，上品戒指的是還沒出家、還沒修行，就沒有犯過錯誤的人，這樣的人守的是上品戒；中品戒指的是曾犯過一些小錯，但在出家修行，修了止觀後，即不再犯的人所守的戒；下品戒則是指曾犯下一些大錯，後來隨順因緣出家修行，而發露懺悔的人所守的戒。其中，中、下品者都要懺悔。而在戒律中，還有所謂的「不通懺悔」，指的是犯下了根本戒，不能夠用懺悔的法門來清洗它。不過，《小止觀》中亦有提到，就大乘佛法而言，犯根本戒還是可以懺悔的，其中有二十四個比丘比丘尼重戒，犯後仍可以出罪，但若是犯下更重的罪，就無法懺除；可是，若更深入大乘的要義，則甚至連犯下根本罪都是可以懺除的。為什麼呢？因為犯錯、犯戒都是心在犯，所以罪從心起將心懺，既然所有的惡業都是從心生起，只要心懺了，最後達到「心滅罪亡兩俱空」，這就是真正的懺悔。

所以，從心性的、理性的角度觀之，所有罪都是能懺悔的。換言之，只要能徹底地改變自己，那麼以往所犯的錯，即使再嚴重，都是可以完全放下的，《阿含經》中「鴦掘摩羅」的故事，就是很生動的例子。

鴦掘摩羅殺了一千人，每殺一人就割取一指，用線貫穿如項鍊。戴在頭上，成為指鬘，因此又叫「指鬘外道」。他這麼做乃是受邪師唆使，因為他的老師告訴他：「你只要殺滿一千個人，穿了一千隻手指，你就能得道，被殺的人也能生天。」怎麼會有老師這麼教學生呢？其實他的老師是挾怨報復，因為鴦掘摩羅長得很英俊，連師母也為之傾心，一次誘惑鴦掘摩羅未果，師母便誣陷鴦掘摩羅調戲她，他的老師聞言大怒，但考慮到鴦掘摩羅是個文武雙全的青年，想要在皮肉上給他一頓教訓是不可能的，於是想到了借刀殺人的詭計，害鴦掘摩羅成了殺人魔。

當他殺滿了九百九十九人，只剩最後一人，此時他看到了自己的母親。當下他動了一念：我只要再殺一人，掛上指頭，我倆都能解脫了，就在鴦掘摩羅即將鑄下弒母重罪之際，佛陀出現了，既然有佛陀在，那母親當然是不能殺的，所以他轉而追殺佛陀，可是鴦掘摩羅發現，他卻怎麼追都追不上，雖然佛陀其實走得很慢，於是他叫佛陀停下來。佛陀說：「我老早就停了，是你沒有停，是你的狂心沒有止息。」鴦掘摩羅一聽，就開悟證得了阿羅漢果。

由此可知，即使犯下殺人重罪，還是通懺悔的。鴦掘摩羅出家後，由於他過去傷害了許多人，所以托缽時常常被打，但他知道這是自己過去造的惡業所致，因此默默承受。所以從這則故事，即可了解佛教的懺悔法門，可以深入到最根本的心性，只要一念自性清淨，開悟了，這一悟就好比太陽出來了，能使所有的積雪融化。所以懺悔法門能懺除所有罪嗎？能，但關鍵是人能否一念清淨。

懺悔的過程和內容

在修學佛法的過程裡，我們發現，不要說一念清淨，能像顏回一樣不二過，就已經太了不起了，通常我們是不斷地犯錯、懺悔、又犯錯、又懺悔……，一遍遍重複，雖然如此，但懺悔還是必要的。在天台宗止觀的法門裡，懺是一種與修行結合的方法，例如法華懺，這是智者大師所設計的懺悔法門，他將止觀與懺悔結合，在拜懺的同時，也兼修止觀；不過這個修行法門不同於現今主流的大眾修行，而是採個人修行。事實上，現今不少流通的懺本，都是天台宗所設計的，懺悔的方法，則是要通過如下的過程：首先是發露表達自己的過錯，接著是承認自己的錯，並發願不要再犯。在僧團裡，發露要在眾人中進行，讓大家見證，再由眾人決定這個犯過要如何處置，處置過後，經僧團認可，此人確實已經懺悔得清淨，這樣他的罪就算懺除了。

至於我們現在的發露，是在拜懺時向佛菩薩發的，接著自己發願不要再犯，再由佛菩薩為我們做見證。目前我們所用的懺本，普遍來說都是這樣的一個懺悔過程，例如〈懺悔偈〉云：「往昔所造諸惡業，皆由無始貪瞋癡，從身語意之所生，一切我今皆懺悔。」首先是承認自己以前做過很多錯事，接著承認自己之所以如此，是因為有許許多多貪、瞋、癡的煩惱，這些煩惱通過身、語、意的造作，犯下罪業，而今我對這一切通通懺悔。各位看這四句，從犯過的因果到發願懺悔都講完了，可是我們這麼念，常常第二天又犯過了，那怎麼辦呢？那就要天天念懺悔偈。

例如在早課中唱誦的〈普賢十大願〉，其中第四願「懺悔業障」，每天都念，表示每天都要懺悔業障，這就是一個修行的過程。在此過程中，有些人真的可以在發露後不再犯；有些人雖然再犯了，但會慢慢地減輕；還有些人可能要過一段時間，或需要他人的提醒，才會發現自己的過錯，但這種自覺力透過天天懺悔，會逐漸提昇，慢慢地，當你的工夫愈用愈好，你只要動了一個念頭，懺悔的力量就會現前，讓你知道不應該這樣，你就不會犯錯了。所以天天念懺悔，還是很有用的。

用慚愧心來懺悔

各位念懺文的時候，有沒有念到心裡去呢？要知道唱誦是很容易的，但回歸到懺悔法門的功能，它的主要目的還是要讓人生起慚愧的心，覺得自己有不足的地方，還不夠好。只是慚愧心原本是善心所法，可是很多人的慚愧心，卻會跟自卑、我慢混雜在一起，整天覺得自己起心動念都在造惡業，漸漸地，慚愧心就變成了罪惡感，人也變得很自卑。所以有些人一談到懺悔，就覺得壓力很大，因為每天都要把自己心裡的垃圾掏出來，掏出來後一看：「哎呀，太髒了，受不了！」這麼每天掏、每天看，到後來就變成一種負面的情緒。

在此提醒各位，懺悔法門是用正面的慚愧心來修，而不是用自卑的心，當然更不是要人掉進罪惡感與負面情緒的泥淖中，在用方法的同時不斷增加自己的心理壓力。常常聽到有人談到懺悔法門，就覺得自己抬不起頭來，因為覺得自己起心動念都是不好的念頭，覺得自己一無是處，大概不是修行的料，說不定還是個地獄種子，這輩子結束後就要下地獄了！那怎麼辦呢？那就趕緊看看能否靠阿彌陀佛，慈悲救他一把。當然這麼想也沒有錯，因為念佛可以往生淨土；但如果把自己想得太過悲慘，好像犯了很嚴重的罪，比所有的罪人都不如，這樣又太負面了。所以用懺悔法門的時候，一定要用正面的、善的心所法來用功。

所有的人都有煩惱，而煩惱的輕重，每個人的程度都不同，不論如何，只要我們一念想要改過，這一念就對了，它就是正面的，我們也有了向上提昇的機會；但不要因為這一念，讓我們看到自己有那麼多的煩惱，而因此感到有壓力、罪惡感，把自己壓到透不過氣來。我們發現有些人學佛，學到透不過氣，覺得自己實在太壞了，這種狀況可能也發生在諸位身上。例如打坐的時候，妄念煩惱起現行，你可能就想：「哎喲！我竟然有這麼壞的念頭！」各位有沒有這種情形？有的話要怎麼辦呢？其實這些都是貪、瞋、癡的煩惱，很可能是我們從前造作的，或曾動過的念頭，這些負面的念頭雖然生起，但我們就是面對它，不要被它牽引，更不要讓它干擾我們的心，然後回到方法來，可以在打坐時起懺悔的心，向佛菩薩發露懺悔，接著藉由念佛轉化自己的心，再發個願，希望自己的心能慢慢減少這種惡念，可能我們無法一下子就把這些惡念完全清洗乾淨，畢竟有些惡念緣於長久的習氣，但每每只要惡念生起，我們就在心裡懺悔，然後回到方法上。懺悔本來就是用來幫助我們改過、提昇，只要秉持正確的心態，這個法門就能很好地發揮作用。

更進一步，若我們能發現心性本來清淨，體悟由心所顯露出來的一切，都是我們附加上去的，這樣的一念清淨，就是圓滿的懺悔。所謂「心若滅時罪亦亡」，當原本有很多煩惱的心滅掉了，此時好比雪在陽光下消融，就能一念覺悟到清淨的自性。當然，這需要通過修行才能達致，過程中，我們期許每次都有一些進步，這樣就能帶給我們信心和力量，也就能夠更好地修行。

各位應該都有這樣的經驗：沒有打坐，不知道我們有那麼多妄念，也不知道自己身體的狀況，一打坐後，才發現原來身體有那麼多問題，意識裡竟然含藏了那麼多不好的、雜染的種子；但正是因為沒有打坐、沒有用功，就進不到內心更深的層次，那些躲藏在內心各個角落的惡念，也就無從生起，一旦透過打坐，令這些惡念起現行，我們要覺得這是好的、正面的，因為它可以讓我們生起懺悔的心，將之悔過、改正。

懺悔得安心

諸位都知道達摩祖師與二祖慧可關於「安心」的著名對話，面對不安的心，達摩祖師只消一句：「將心來，與汝安。」慧可當下即覺知：「覓心了不可得。」體悟到這個原本不安的心，根本是空的，於是他的心安了，也就能夠直接、究竟地改過。同樣地，如果我們在修行的過程中，發現這個煩惱不斷的心，是無常無我、因緣生因緣滅、本性清淨的，而且是「覓之了不可得」的，當下就能安心；只是我們現在還做不到，常常是煩惱生起了，接著就發現它老是賴在那兒，趕也趕不走。其實，不用趕，我們就是改。改的方法有二，一是發起懺悔的心，並發願自己能夠盡量不再犯；二是回到方法上，也就是回到正念，若能一念回到清淨的正念，那一念就是懺悔，我們就能從雜染的彼端，回到清淨的此端。

由此觀之，懺悔法門對我們持續用功修行，是很有幫助的。因為修行的過程中，當內心的種種煩惱浮現，我們就可以用懺悔的方法將之懺除，然後發願希望煩惱能盡量地減輕，甚至以後不再造，至於過去造作的，或是潛伏在內心深層的煩惱、惡念，我們就面對它，若是它已形成了果報，我們也能夠接受它。例如打坐時起現行的種種身心狀況，它們浮現後所造成的干擾及壓力，或許很大，但此時只要念頭一轉，知道正是因為我們在用功，它們才有機會起現行，並且我們還有懺悔這麼好的法門，來幫助我們將之懺除。至於發露，其實通常並不是我們想要，或刻意地發露，因為往往我們並不知道，原來心裡還含藏了這麼多雜染的種子與習氣，只是在用功的過程中，它們浮現了，這個浮現本身就是發露，讓我們可以藉此學習、改過。我們要以這樣的心理，來了解懺悔法門，如此我們就是朝著正面的方向在用功，這樣的懺悔就能發揮很大的作用。

其實人不可能不犯錯，重要的是犯了錯後願不願意改，也因此，所有的修行都涵蓋了這一部分。例如有一些人，他要閉關。諸位當中可能也有不少人嚮往閉關，當然閉關確實是很好的。為了能順利閉關，他的老師就會提醒他，閉關之前要多拜佛。拜佛也是一個懺悔的方法，懺悔法門本身也是要拜很多佛的，所以有千佛寶懺，還有萬佛寶懺，而在閉關用功之前，就是要先懺悔拜佛。

拜佛好懺悔

在藏傳佛教的修行法門中，也有所謂「四加行」，其中一個加行是「大禮拜」，一共要拜十萬拜。這其實就是一種懺悔的方法，也就是在進入正修之前的前方便，其道理跟閉關前先拜懺或拜佛是一樣的，主要是藉由懺悔，先懺除自己過往的一些惡業，減輕一些障礙。當然這不是說拜了以後，惡業就沒有了，而是在拜佛懺悔的過程裡，可以發現自己的問題，並藉由調整方法，幫助我們更好地面對它。此外，惡業必須要與惡緣聚合，方才顯現為惡報，我們了解這一點後，就要用懺悔的方法，不斷把我們的心，調回到正念，亦即正業的因緣上，如此一來，即使我們造作的惡業還有其力量，但惡因若是沒有惡緣與之配合，便無法起現行，或者顯現的果報，力量就會小很多。

總地來說，懺悔法門之所以有用，在於它能幫我們減少惡業的因緣；但有一些惡因，它藏伏得很深，力量也很大，即使藉由懺悔，也未必能將之懺除或減輕。甚至有些人，他不念佛、不拜懺、不用功修行的時候，表面上看起來反而還好好的，可是一打坐、一用功，腰痛、腿痛種種的問題都來了。有些第一次參加禪七的在家同學會想：「假如我好好地待在家裡，腿會這麼痛嗎？」不會。然後就抱著好想逃走的心情，不斷罵自己怎麼那麼笨，在家裡伸長著腿，看電視、吃零食、喝可樂的生活不過，要來這邊盤腿，讓自己痛得要命，接著又在心裡罵推薦他來打坐的朋友，沒事幹嘛把他哄騙來，等回去了一定要找他好好算帳！

但是，反過來想，如果沒有用功，我們又如何得知自己有這些問題呢？

事實上，很多人在學佛後，反而有一堆惡報現前，但這其實是好事，它提早現起，我們就還來得及去處理它，因為此時我們有著學佛的心，以至於當惡業現前時，惡緣的力量不足，它就比較容易過去。例如我們打坐時，顯現出來的通常是一些比較表層的現象，這其中也包括內在的各種妄念，當它們顯現時，有時連我們自己都很訝異，自己竟然會有那麼多的煩惱與雜染，但是若沒有打坐，我們可能就對此一無所知。

然而，無知不代表沒有，更不代表沒事，並不是眼不見就能為淨，那只不過是因緣尚未具足，等到因緣聚足的時候，你就知道它的厲害了；而我們現在用功修行，讓它浮現了，於是我們用懺悔的方法，接受它是一個事實，並生起慚愧心，覺得自己真的做得還不夠好，而這也表示自己還可以做得更好，好到什麼程度呢？好到可以成佛。只要一念清淨，不就成佛了嗎？這麼一想，還有什麼好擔心的？如果我們能很有信心地接受這個道理，相信我們連成佛都做得到，那麼此刻顯現出來的各種狀況，就不是什麼大問題了，這樣我們在修行上就能夠很有力量、很有信心地持續用功下去。

因此，懺悔法門一定要做好這樣的心理建設，我們不一定要遍通各種懺悔的方法，但正確的心態一定要把握好，了解心一念清淨，就能把所有的雜染、煩惱、障礙等漸漸地消融。由此可知，懺悔法門若運用得宜，在修行上便能發揮很大的作用。落實到實修上，如果你個人覺得需要多拜佛，或是對某個懺本特別有興趣，就可以藉由這個與你相應的儀軌，做為你的修行方法。而如果有同學想要進修，甚至是閉關修行，多做一些懺悔，多拜懺，就能幫助自己將「往昔所造諸惡業」，先發露出來，並以正確的心態面對它們，如此就能減輕它們對修行的干擾，使我們得以更順利地持續精進用功。

有了上述的理解，再看《壇經》中六祖的教導，就會發現，兩者都是直指「心」的問題。如果我們能做到心自性清淨，所有煩惱就能轉為菩提，而這需要通過一個轉化的過程，因其尚有煩惱與菩提的相對性，所以還有一個「轉」；但若更進一步，一念清淨了，當下的煩惱就是菩提，連轉都不用，因為當下就是「即心即佛」的究竟解脫了。

〈第七講〉

禪的宏願：〈四弘誓願〉

〈四弘誓願〉是緣四聖諦而發：

因為眾生苦，所以發願度眾生；

因為眾生的苦是由煩惱而起，所以發願斷煩惱；

發願斷煩惱就要學無量的法門，也就是修道；

由於是依大乘佛法而修，

所以在滅除煩惱的同時，還要發成佛道的願。

昨天我們首先談到了皈依。《壇經》中的皈依，與一般的皈依佛、法、僧不同，它指的是皈依三身佛，即皈依覺、正、淨。兩者雖同屬皈依三寶，但後者更偏向於理。其次，我們談到受戒，最基本的是五戒，另外還有其他程度不同的戒，不論是哪一種戒，受持的儀式上都會先進行懺悔，再皈依、受戒，而後還要發〈四弘誓願〉。

至於《壇經》，講的雖是無相戒；但經中也提到，受持無相戒亦要懺悔，並要發〈四弘誓願〉，只是它的次第與一般戒的儀軌有些不同。由此可知，即使《壇經》的內容著重於禪修，講的是頓悟，但在實際的修行上，還是要循著皈依、受戒、懺悔、發願的次第，依這些佛法修行最基礎、最實際的部分，如理而行。

因此，我們也循著這個次第，接著來談發願——發〈四弘誓願〉。

《壇經》所講的〈四弘誓願〉，和我們平常念的「眾生無邊誓願度，煩惱無盡誓願斷，法門無量誓願學，佛道無上誓願成」基本上相同，只在字眼上有一點差別。一般所念的〈四弘誓願〉，當中的無邊、無盡、無量、無上，「無」之後用了不同的字，使我們念誦起來覺得文句特別暢達優美；至於《壇經》，或許是因為六祖讀的書不多，所以他的用字更簡單，以「無邊」涵蓋一切。其實不論「無」後面用了什麼字眼，表達的意思是一樣的。

〈四弘誓願〉的起源

不曉得諸位當中有沒有人做過研究，〈四弘誓願〉最早是出現在哪部經典或論典中？我所知的最早文獻，是隋朝的《摩訶止觀》、《釋禪波羅蜜次第法門》，但也有可能更早於此。〈四弘誓願〉的重要性，在於它回歸到了佛法最基本的四聖諦上，換言之，〈四弘誓願〉是緣四聖諦而發：因為眾生苦，所以發願度眾生；因為眾生的苦是由煩惱而起，所以發願斷煩惱；發願斷煩惱就要學無量的法門，也就是修道；而由於是依大乘佛法而修，所以在滅除煩惱的同時，還要發成佛道的願。

因此，發願時若是緣四聖諦而修，修行重點就會較偏向於個人；若是緣四聖諦而發〈四弘誓願〉，修行則會轉向於為眾生而修。前者因為是緣四諦而修，是個人感受到苦、想離苦，因此修學佛法，從中明白了苦的來源，即人的種種煩惱迷惑，而其根源為無明愛染，所以要滅除這些煩惱，就要修道，這整個過程都是以個人為主，是自己本身在用功；但若將其轉為〈四弘誓願〉，它的對象就放廣了，因為「眾生無邊誓願度」，所以它成了一個很大的弘願。

發〈四弘誓願〉時，一念到眾生「無邊」，可能有的人會有點心虛地想：「這個『無邊』，究竟是多少呢？我有可能度這麼多眾生嗎？」接著再念煩惱「無盡」：「哎喲！沒有止盡啊！那接下來的法門『無量』，怎麼學得完？『無上』佛道，真有辦法成就嗎？經中說要修上三大阿僧祇劫的時間，才能成就佛果，而且這個三大阿僧祇劫還是從修完了十信位，進入初住才開始算起，我們現在連十信位都還沒修完，還不知道要修上幾個三大阿僧祇劫的時間，才有可能進入初住。」這樣一想，距離成佛真的是太遠太遠了！

相對來說，個人的煩惱，還比較有止盡的可能，只要個人滅掉了無明，無明滅行滅、愛取有滅、生老死滅……。只關乎一個人的事，似乎比較容易；當範圍擴大到眾生，眾生無邊煩惱無盡，所以為了度眾生，就得學無量法門；但無量是多少呢？多到無法用數字度量，就是無量。而這麼廣大、遙遠的誓願，我們真有辦法做到嗎？儘管〈四弘誓願〉是天天在念，但每每念及這些，心裡卻一點都不踏實。

勇猛心易發，恆常心難持

常言道「勇猛心易發，恆常心難持」，很多初發心學佛者都很衝動，一開始發的願都很大，但走下去卻漸漸地愈走愈沒有力量，感覺自己怎麼問題那麼多，自己的問題都處理不來了，哪有餘力幫助眾生呢？於是走了一段時間後，就沒辦法再繼續地走下去，這是學佛人通常都會面臨的問題。其次，成佛真的太遙遠了！可是我們既已學佛，就知道逃避也不是辦法，因為因果輪迴苦，這問題不解決不行；但要解決又得發這麼大的願，那究竟何時才能圓滿佛果呢？

確實，我們的生命所顯現的各種現象，都是苦，再往內心一看，也都是煩惱，因為相信三世輪迴、相信因果，所以我們不會逃避問題，但處理上，是否有其他方法呢？於是有的人就想：「我可不可以先自求解脫，先不要想那麼遠、不要想別人？」雖然原先已發了眾生無邊誓願度的願，但眾生實在太多，也太難度，我現在度不來，那還是從比較直覺的，也就是自己的問題下手。儘管在日常生活中，無可避免地在與人互動的同時遭遇很多的問題，但自己現在也沒辦法度別人，那還是先度自己，先自己修行、解決自己的問題就好——這就是退心。原本發的是大心，現在變成發小心了。

另外，還有的人就想：「輪迴太苦了！修行也太難了！」還好釋迦牟尼佛為我們指引了一個方向，讓修行有了著力之處。因此，中國佛教有了淨土法門，依淨宗修行，發願往生淨土，再看經中對淨土的介紹「諸上善人聚會一處」，除阿彌陀佛外，還有觀音、勢至菩薩在那裡，那麼只要修到淨土去，就可以放心了，因為所有問題在那裡都不存在了，不僅能見到佛、跟佛學習，而且如果不想到別的地方去，還可以一直住在那裡修行，不用輪迴。發願往生淨土，這是佛為我們指引的一條路。而淨土思想及其法門，也確實在看似艱難無比的佛法修行上，提供給我們一些善巧與安慰。

方才提到「三大阿僧祇劫」，所謂「阿僧祇」，指的是長到無法計算的時間。其實印度人表達上有時是滿誇張的，以數字為例，他們會用上很大的數字，甚至是大到沒辦法計算的。先不談三大阿僧祇劫，就說一小劫好了，一小劫怎麼算呢？假設人的壽命最長可活到八萬四千歲，最短是十歲，從十歲到八萬四千歲，每一百年增加一歲，從十歲開始增加到八萬四千歲，再從八萬四千歲減到十歲，這樣一個週期的時間就是一小劫。各位能想像，這樣的時間有多長嗎？我們平常說長命百歲就開心得不得了，如果是以印度人的時間觀，一百年簡直是一剎那般地短暫，而且剛算的還只是一小劫，此外還有一中劫、一大劫，再來才是阿僧祇劫……。一想到要面對這漫漫無期的時間，真讓人不知道該怎麼辦才好！

成佛之道有多長？

佛經常云「從無始生死以來……」，之所以沒有開始，是因為這個數字大到無法想像、沒辦法計算，如果修行動輒要用上這麼長的時間，想成佛簡直是遙遙無期；不過，就理論而言，三大阿僧祇劫除了是指時間的長，亦指功德的積累。假如你精進修行，積累了三大阿僧祇劫的功德，就可以完成佛道，三大阿僧祇劫的功德，這個數字也是很驚人的，只是這樣的說法還是能讓人稍微放心些，因為有可能你做某件事，這件事一下子就能讓你積累很多修行的功德。經典中有則故事，提到世尊在成佛前，有一回在修行時，看到了一尊佛，非常地莊嚴，他花了不知多長的時間，單腳站在那兒，看著這尊佛，然後說「天上天下無如佛」那一首偈頌，結果他因為禮敬這尊佛，並講了〈讚佛偈〉，一時間凝聚了不知多少劫的功德，結果就比和他一起修道、修得比他還快的彌勒菩薩更早成佛了。藉著這則故事，又讓我們稍稍有點信心了，覺得佛道好像不似先前想得那麼漫長，修行又有辦法繼續走下去了。

由此可知，佛法也是講事和理。事相是有形象的，其所顯現的現象比較複雜，數量亦多；至於理則比較簡單，通過理論，可以將事相簡化，這點在修行上也是如此。以打坐為例，各位打坐時可能一開始坐得很辛苦，在方法的掌握上還有些不得力，但打坐的技巧都是事相上的，不論它有多複雜，還是有其所依的理，只要把握了這個理，就能簡化很多很複雜的事相，讓人更容易地通過理性，更容易地去修道。

簡言之，只要理通了，事上也就通了。再以世法為喻，例如我們所用的電腦，大部分的原理都是技術性的，技術屬於事相，看起來可能很複雜，但凡深諳此道的人，也就是那些設計電腦的專業人員，他們因為理通了，所以能夠化繁為簡，把電腦設計得很簡單，讓電腦使用者可以很容易地入手使用；可是只要電腦一出問題，我們大概就沒輒了，因為我們對電腦的了解還是屬於事相上的，想到通達，還是得進入到理的部分。

這就是為什麼對於西方的科學家，我們至今還無法超越，因為他們在理論方面的深化，所以我們僅能應用他們已簡化好的技術，但只要一遇到問題，我們就解決不了，一些高端科技的產品只要一出狀況，大概都只能送回西方的原廠，由他們來處理。我們的技術不管怎麼提昇，仍只能緊跟在他們後面，沒有新的發明；反觀西方，科技的應用與發明屢屢推陳出新，因為他們把握的是理，把握了理，事相上就可循此再去改變、轉化，而這點是我們做不到的。在科學的成就上，諾貝爾可說是當今最具權威性的指標，但至今科學類的獲獎人，還是以西方人為主，中國甚或整個東方民族的人口占比儘管很大，但獲獎的東方臉孔卻屈指可數。

理事無礙，趨向解脫

理的重要性，在佛法的修學上亦然。各位在事相上的技巧都有了，過去也花了很多心力在技巧上下工夫，但在應用時，仍不免感到有時進度會變得比較慢，或是出現了障礙，怎麼辦呢？就要用理來化解。理可說是法的根本與中心，只要把握了理，就會發現不論在學習上、進度上等各方面，都可以不斷地獲得改進。例如為什麼有的人修戒律時，可以把戒守得很好，同時又感到很自在，而有的人則會覺得很不自在，關鍵在於後者把每一個戒條，都變成一個不可逾越的門檻；然而實際上，戒條的設立，都是因時、因地、因人而設的，他們只看到戒條的事相，而沒有進一步理解戒律何以是如此地設立。

如果我們深入了解，就會知道，佛陀制戒的當時，所有重要的戒，都有它的制戒因緣，而此因緣是依什麼而有的？依法。既然是依法而設戒，所以可知，戒的中心還是佛陀的教法。另外，我們也談到，對開悟之人而言，戒如同是虛設的，因為他的心已經清淨，很自然地不會再犯戒；反觀我們，還沒有開悟，還有可能犯戒，那就要把握好法理，循此去了解所有制戒的因緣，這樣才能契入戒律的內在精神，並隨順時空因素，了解戒律何以會有因時、地、人等不同的調整，如此自然就能把戒守得很好，同時還能守得很自在、很輕鬆。

當理事貫通、理事無礙，人就能自在地趨向解脫。在修行時，理和事其實並沒有分開，只是有的人可能會執著事，有的人則是執著於理。執著於理的人，只是在理論上去談，假如他沒有把這些理應用到實際的修行上，他的修行上就不可能有進步；反之，執著於事的人，可能就會覺得修行好複雜、好難，這就會造成修行的障礙，甚至起了退心，有這種情形要怎麼辦呢？就需要用理來幫忙轉化，將繁複化為簡單。

自性弘願——自依止、法依止

六祖在這方面有很實際的體驗，所以他在談到「眾生無邊誓願度，煩惱無邊誓願斷，法門無邊誓願學」的時候，他就回到了理，也就是回到自性來談。也因此，〈四弘誓願〉有了兩個層次，一個是「眾生無邊誓願度，煩惱無邊誓願斷，法門無邊誓願學，佛道無上誓願成」，這是一般我們所知的，就外在的事相而言；另一個是「自性眾生誓願度，自性煩惱誓願斷，自性法門誓願學，自性佛道誓願成」，這是回到自性，也就是回到理的根本來談。

我們都知道要度無邊的眾生，也發了這個願，而同時我們也知道，自己本身也是眾生，自己這個眾生要度嗎？要。如果我們能夠這樣來理解，就會知道，實際上所有的眾生，都必須自修自度，所謂「自依止、法依止」，而後才能自修自證。如此，我們除了自己本身懂得用功，在度眾生的時候，也不會覺得眾生難度而氣餒。

一般我們以為眾生無邊誓願度，所以在事相上，就以為無邊的眾生都要去度他們，並且是用你的方法來度，因為你是為他們好；可是當你真的這麼做，你會發現眾生實在太難度了！怎麼都那麼不聽話？怎麼會有這麼多困難？於是你會感到很受挫、很苦，還起很多煩惱。事實上，眾生各有其因緣，並且每個眾生的自性都是清淨的，度化他們，並不是要他們各個都用和你一樣的方法用功修行，既然外在的事相上，眾生各有其因緣，同時在法的根本上，每個眾生的自性皆是清淨的，我們只要把這個訊息轉達給他們即可，至於是否要用跟你一樣的方法，就要隨順各個眾生的因緣，因緣具足的，我們可以進一步教導他禪法的技巧，即使因緣不具足亦無妨，只要他們能把握自性清淨的理，在事相上找到適合他們的方法，如此，每個人都可以依自力用功修行。

不要把度眾生想像成你一個人開一艘船，然後把所有的人度到彼岸去，以為這就是「慈航普度」。其實真正的用功修行，並非如此，而是你自己本身用功修行，當回到自性，一念覺悟，即心即佛，當下就成就無上的佛道。此處所謂「即心即佛」，是禪宗很重要的觀念；但如果對這樣的說法太過執著，偏了一邊，動不動就把自性掛在嘴邊，而實際上對技巧還沒有把握，對理也沒有完全通透，只是在一些理論或用詞上有一點點理解，以為這樣就能把方法用得很好，當然最後方法一定是使不上力，更遑論即心即佛了，所以一定要從整體的修學來看事和理的關係。一般講到事，會覺得它看起來很複雜，並且有諸多外在的、個別的因緣，但只要能從中調理出它的道理，它就能回歸到簡單的、根本的法理上。換言之，個別顯現的因緣，其事相必定是複雜的，但因緣的本性，是很簡單的空、清淨、無常、無我，因果法則所顯現的輪迴、報應等種種現象，雖錯綜複雜，但回到根本的理上，必然是很簡單的。

檢視我們的知見，看起來有很多不連貫之處，這是因為我們在理解上與事修上，目前還沒有辦法貫通，我們用功修行，就是要貫通。當貫通到理事無礙，即是開悟，此時你會發現，原本覺得很難化解的因緣、很難做到的事，現在都變得很簡單，甚至很輕易地就能化解、做到。

佛菩薩如何度眾生？

各位看佛菩薩度眾生，一方面有事相上的度，另一方面也有自性上、理性上的度化。我們用功也是如此，一方面有事相上的技巧運作，還有內在的、對理的把握。明白每件事的背後，必有其理，把握緣起的法則，透過事相的歸納，就能統整、肯定「果從因生」的道理；既然所有的果，都是因緣而生，不論顯現出的是什麼樣的現象，你都能接受它，並且明白所有事相都是循著因果的原理運作，而理有直接與此事相有關的理，也有更深一層的、普遍性的理，不論是哪一個層次的理，都是透過各種現象而顯現，所以「事待理成」，即從一切的現象中，我們能看出其中更深刻而普遍的原理原則；現象為有，而「有依空立」，這就又回到了佛法的根本，也就是空。至此，空和有貫通了、事和理貫通了、因和果也貫通了。其實所有的因果，在輪迴流動的過程中，並沒有所謂相對的因果，明白了這一點，就能打破「因、果」、「事、理」、「空、有」在表象上看似難解的相對性，而將它們貫通，再將其應用在修行上，就能幫助我們化解內心的各種問題、煩惱與技巧上的障礙。

如此看來，修行就不是很困難的事了，就算需要修上三大阿僧祇劫，你也都可以放下，因為一旦理通了，你會發現，修行就是修行，至於其他，就是完全地把它們放下，如此而已。所以對開悟的人來說，他既不需要自己解脫，也不需要到西方極樂世界去，他也不會擔心下輩子要到哪裡，他所要做的，就是不斷地用功、不斷地修行，並在因緣運作的過程裡，將〈四弘誓願〉的悲願，落實到現實的生活之中。歷代的禪師們在日常生活中所顯現的，就是一種慈悲的行為，很自然地，毋須刻意；反觀我們，很多時候我們做事還要刻意地做，做了後還怕別人不知道我們很慈悲。

禪師如何度眾生？

禪師度眾生的自然不造作，在公案中隨處可見，我們引「良寬禪師送月」的故事為例。良寬禪師住在一間破茅蓬裡，中秋節的夜晚，他下山賞月去，小偷就趁他不在時潛入他的茅蓬，可是茅蓬裡空空如也，什麼也偷不著，就在小偷自認倒楣下山的途中，正巧與良寬禪師碰頭了，良寬禪師早知他的來意，但沒有點破，只是對他微笑，又見他雙手空空，且身子穿得單薄，便脫下了自己的僧服送給他。兩人錯身時，禪師抬頭望月，喃喃道：「今晚的月亮真美，如果我能把月亮摘下來送他，該有多好。」禪師的話，被小偷聽到了。數日後的清早，禪師打開茅蓬大門，就看到當初送給小偷的僧服，洗得乾乾淨淨地安放在門口。禪師見狀，便說：「終於把這個明月送給他了！」原來，度眾可以是這麼簡單的一回事，什麼都不用加上去，更不用刻意。我們身邊的人都是眾生，與其整天想去度別處的眾生，像是看到哪裡發生地震了，就想著要趕快去度他們，這當然也是好，不能說這樣不對，可是天天等著別人發生問題，然後再去幫助他們，這樣的心態也是有問題。慈悲的事不需要做得很大，身邊有什麼可以舉手之勞的事，我們就去做，其實慈悲也可以是這麼簡單，甚至只是給旁人一個微笑，例如你看到旁邊的人打坐坐得很辛苦，整張臉皺巴巴的，你就給他一個微笑，鼓勵他，說不定你這樣就度了他。

可是我們往往在事相上，不覺得這些小事是慈悲，不明白其實做這些小事就是一種修行，而非要在其他的地方用功，還想盡辦法要去度別處的眾生，然後才覺得自己怎麼做得那麼辛苦。同樣地，諸位在各自的執事上，可能也覺得自己做得很辛苦，有很多的困難和挫折，於是做起事來，心裡就不愉快了。如果你連「自己」這個眾生都沒辦法離苦得樂，又怎麼能度別人？假如你自己做事都做得很難過，跟別人相處動不動就發脾氣，看很多事都不順眼，而無法用佛法來化解自己的煩惱，所謂「煩惱無盡誓願斷」，你只看到外面的眾生有無邊煩惱，卻沒有看到自己內在的煩惱，也是無邊的。

就事相上而言，時時處處都是度眾生的道場。明白這個道理，〈四弘誓願〉所云的自性眾生、自性煩惱、自性法門、自性佛道，只要你一念清淨，全部功德就完成了。可是我們現階段還做不到如此，那該怎麼辦呢？就要好好修行。從技巧上、事相上去應用，而運用的同時，不要忘記，心裡面的這一念自性清淨，把這一念把握好，這樣修行時若遇到了問題，至少在理上可以先得到化解，當理事貫通了，你就能更好地如理修行，漸漸地你的煩惱會愈來愈少，漸漸地你就能做到隨時隨處都在用功修行。

發了〈四弘誓願〉後，我們就要在現實的生活裡應用。在此也提醒諸位，我們早晚課念〈四弘誓願〉，包括早課的普賢十大願，各位真的有在念嗎？我發現有一些同學，早晚課的發願並沒有念出來。這樣的話，當大家念到「眾生無邊誓願度」，你就沒有在度眾生了；當大家念到〈普賢十大願〉的「五者隨喜功德」，你就非但沒有隨喜，而且還不斷在製造問題。怎麼說呢？因為你自己在那兒修「閉口真言」，卻讓旁人起煩惱了。因此，要度眾生很簡單，跟大家一起念，這樣既度了自己，也度了別人。

各位要記得，當我們在做功課時，所念出來的經文與發願文，不是要念給佛聽，也不是給鄰旁的人聽，而是要念給自己聽，透過經文來熏習自己的心；如果你不念，功課都不做，你要怎麼修行、怎麼度眾生呢？明白了這點，各位就要順著因緣，隨喜大眾用功。

在生活中修〈四弘誓願〉

談到這裡，各位還認為修行很複雜嗎？其實修行並不是額外地、刻意地去做什麼，而是要落實到現實的生活裡。現實生活中，我們每天要面對、處裡那麼多事，修行就從這裡下工夫，例如各位每天早上一起床，就可以先度自己，怎麼度呢？先給自己一張很快樂的臉。你們刷牙洗臉要看鏡子，一早對著鏡子，看到的自己現的是什麼相呢？睡眼惺忪，迷迷糊糊的相嗎？那就把眼睛張開，讓自己看到一張快樂的相；做了一天的事，到了晚上臨睡前也是如此，對著鏡子漱洗時，就給鏡中的自己一個笑臉，然後帶著這個相入眠，這樣就是度眾生了。

各位看〈淨行品〉，裡面從一早起床到晚上就寢要怎麼發願，都寫得很清楚。〈淨行品〉真的非常好，它讓我們所做的每一件事，都變成是在發願、在度眾生。把握了這個道理，我們每天所做的每件事，都可以藉著它來發願，例如現代人，包括我們僧眾也是一樣，因執事所需，幾乎天天都要滑手機，我們在滑手機時，就可以把〈淨行品〉的道理應用上去，有一位法師藉此發個願：「滑手機時，當願眾生，滑來滑去，不要滑倒。」要發什麼樣的願，各位可以去創造，只要理上通了，所有的事就通了，這就是度眾生，也是斷煩惱，同時還學習了法門，而當你是以一念清淨的心在做這件事時，你就成佛道了。

《壇經》中的〈四弘誓願〉，發的是自性弘願，要落實則是要將理事貫通；儘管實踐有其難度，但並非不能化解，我們可以從比較簡單的事相切入，但重點還是要先把握其中的理，理通了，才能更好地運用到日常生活當中。各位看開悟的禪師們，他們有慈悲的心，但不是整天在想要讓人知道自己很慈悲，而是去做很多慈悲的事。想要讓人知道自己的慈悲，這就是有相，表示還在修行的過程中。真正開悟的人，則是日常的生活裡，每天都在做著度眾生、斷煩惱、學法門的事，而做事的同時，他是無相的。這點即是《壇經》給予的啟發，我們可以從中得到禪的智慧，並將其更好地運用在修行上。

〈第八講〉

禪的般若：般若三昧

般若之有無，是世間與出世間的轉折關鍵，
其最重要、最核心的力量與作用為解除我們的煩惱。
換言之，般若就是一種「無自性」的智慧。
我們之所以要認識這麼深廣的各類修行法門，
最終的目的就是為了見到無自性，
它幫助我們建立起這樣的一個觀念：
度盡一切眾生，而實無眾生可度。

各位在閱讀《壇經》時，可能會覺得，內容不太像是六祖惠能所講。其實這是可以理解的，畢竟六祖距今已遠，各位可以算算自己是禪法傳承的第幾代？聖嚴師父是臨濟宗第五十七代、曹洞宗第五十一代，這麼一想，就會覺得六祖真的距離我們很遠，相隔這麼遙遠的時空，現在若要看到完全出自六祖所言的內容，幾乎是不可能的，能夠閱讀到比較接近原本，或是有把握到根本的內容，就已經很難得了。當然，根本是非常重要的，它能幫助我們從禪最核心的思想，去體會禪的精義；不過，在弘揚的過程裡，則要隨順外在的因緣，因為時空不斷變化，各種因緣也不斷流動，因緣過去了，就不可能再重複出現完全相同的因緣，況且佛陀本來就告訴我們：諸行無常、諸法無我，所以不論是佛法的研究，乃至於修行，一方面都要隨順當下因緣，再者則要盡量地以佛法的根本為原則，這樣才是回歸到理上，也就是回歸到無常、無我的法則上學習、用功。

文字語言是傳法的工具

但是也有些人認為，佛陀當時說的法，是最原始的，所以非要回到原始佛法不可。若是如此，我們大概全都得變成原始人才行。這有可能嗎？不可能。何況佛陀當時說法，並沒有直接的紀錄，包括六祖的《壇經》亦然。退一步想，即使當時有筆錄，留傳到現在，也必然會經歷一些文字抄寫上的脫落、改變、增刪的過程，這些都是很正常的。所以，即使文字是最好的保存工具，但依然不能確保它和原始版本完全相同，而設若現在有個版本，標榜是把佛和六祖的話原原本本記錄下來的，這個版本恐怕也不太符合我們現今的因緣，畢竟在時空轉變的過程中，我們如今對於經典的解讀，還是會有些有別於前的體會，而這才是符合無常、無我的正法。

有了上述的理解，我們就知道，佛教的經律論典隨著時空因緣，因時、因地、因人而有些適當地調整、改變，這是很正常的，即使現在有錄音設備，但錄下來的內容就是原始重現的嗎？不是。例如我們這幾天在禪堂裡講的內容，錄音下來給外面的人聽，他們就可能聽不懂我們在講些什麼，或是聽懂了，但因為感受不到現場的因緣，所以理解上、體會上就和在禪堂裡的諸位有所不同。各位也可以試著揣摩一下經典所云：一時，佛在某某地方，與大比丘千二百五十人俱，還有大阿羅漢、菩薩眾等……。這看起來是不是很像會議記錄？佛是主席，還有許多出席的人。佛說法，如今我們看著文字，各位能否想像，當時千二百五十人，是怎樣的場面？我們這兒大約是十分之一，也就是百二十五人，而我還得拿著麥克風說話，那麼佛陀面對千二百五十人，竟然沒有麥克風，實在很難想像他要如何說法。提到佛陀說法，諸位都知道修法華三昧的智者大師，相傳他曾在入定中回到靈鷲山，看見世尊仍在說《法華經》。所以《法華經》對他而言，是時空交融、心靈空間相應的體會，他還發現自己也是法華會上的一名成員，而這在我們也是很難想像的，因為我們目前閱讀的，還是以文字很真實地記載下來的《法華經》，也有屬於我們各自閱讀當下因時、因地、因人的因緣。所以，同樣一部經典，不同的人，就有不同的閱讀因緣與體會。

我們目前閱讀佛典，對其進行文獻上、學術上的研究，仍是以文字做為重要的依據，但若是要讓這些內容更直接地進入我們的內心，還是要通過修行，方能對其產生更深的體會。當然現階段的體會，不要說開悟，或是如「入畢竟空，言語道斷，心行處滅」這般地深刻，可能只是有一些感覺、感受，或是有一些感情，乃至於思想，可是這些對我們來說，要直接以文字表達，還是很不容易的，或即使以文字表達了，但它未必能將我們內心深層的情感與思想完全忠實呈現。因為人的體會是一個整體，但訊息的傳達與文字的運用則具有前後相，前後之間，究竟是一開頭表達的思想重要？還是壓軸的內容重要？每個人對此可能都有不同的排列組合，說不定有人就喜歡把重點放在中間，而閱讀的人對此如何體會？作者所欲傳達的，讀者是否都能接收得到？這很難說。甚至，做為作者，在為文的過程裡，自己可能都不是很有把握，可以很好地表達出內心的所思所感，因為這樣的表達，仍是受到了語言、文字的局限。

由此可知，我們在修學的過程中，一定要回到原理、原則上，而不是只留在文字所傳達的訊息上。所以說讀經要「讀透紙背」，經文傳達的訊息，有一些比較表層，有一些則較深層，我們若能把這些文字讀透，就能真正把握到經文的義理與重心。關於這一點，同學們在學習的過程中，應該都有了一些體會。

般若為梵語之呈現

至於佛法的義理和重心，是什麼呢？就《壇經》而言，它指的就是般若。般若即智慧，我們用「智慧」這個字眼，即是回到中文上解釋其義，但既已有了中文的解釋，又為何還要保留「般若」呢？般若，是梵文的讀音，其實我們現在的發音並不太準確，相對來說，唐代翻譯時所用的字音，要比我們現在還標準些。般若所指的智慧，是一種佛法的智慧，與一般世俗所稱的智慧有所不同，但因為智慧這個字眼，使用的頻率還滿高的，也因此很容易就把佛法的智慧與世俗的智慧混為一談，為了要區辨兩者的不同，凸顯佛法的智慧是一種解脫的智慧，因而保留梵文的發音來翻譯，讓我們在念的時候，生起有別一般的體會，感受到它的義理，較世俗的智慧更深刻、更究竟。

所以六祖也是講「般若」，他所參考的經典，多數是引用《金剛般若經》、《金剛般若波羅蜜多經》，有時也會用到《摩訶般若波羅蜜經》，也就是我們一般所稱的《大品般若經》。這幾部經典，通過三藏法師鳩摩羅什的翻譯，而在漢地廣為流傳，成為當時通用的版本。事實上，般若系統的經典，經過歷代的傳譯，留下了許多不同的版本，直至唐代的玄奘大師，他將印度般若系統的總集，翻譯為《大般若經》，而成為眾般若經中最完整的一部。這部卷帙浩繁的經典，總共六百卷，為所有經典中最具分量者，各位如果是一個字一個字地念《大般若經》，那可不知要念多久才念得完？不過如果是從了解它的義理切入，這樣閱讀起來應該會快一點，因為這部經典有很多句子是重複的，所以可以像《心經》一樣，用「亦復如是」取代重複的部分。如果《心經》的內容，不簡化重複的部分，它會變成什麼樣子呢？「色即是空，空即是色，色不異空，空不異色；受即是空，空即是受，受不異空，空不異受……。」這樣念下去太麻煩了！所以《心經》用「受想行識亦復如是」八個字，就把它給講完了；但《大般若經》並不採用簡化的方法，它是原原本本地按原文重新翻譯，經文中大量的重複之處，玄奘大師亦將之如實翻譯。

相傳大師在翻譯這部經典時，也曾想過既然有那麼多重複，是否可比照「亦復如是」的方法，將其簡化。沒想到他剛這麼做，當晚就做了一個夢，夢見自己身處險境，一會兒爬上了高山，倏地又跳落了山谷，接著又與野獸搏鬥，費了九牛二虎之力方得解脫。醒來後，玄奘大師領悟，這夢是佛菩薩的示警，告誡他不可對原典進行任何的增刪、改動。雖然《大般若經》多達六百卷，但翻譯所用的時間，卻不比翻譯其他較短的典籍來得多，因為原典重複的內容很多，所以不需一字一字重翻。各位在念的時候，會看到許多的重複之處，大都是在講五蘊、十二處、十八界，當然也包括其他的內容。大量的重複，使得《大般若經》單單在「上品般若」（即第一會），就多達了四百卷，但也因此，才使後世得以一覽此部最準確可靠、無誤無漏的般若經典。

空宗——以般若度眾到彼岸

我們熟知的《心經》，其實就是擷取《大般若經》中的一段文字而來。這個「心」，指的是中心、核心，代表《心經》是《大般若經》的心要。因此，我們念完《心經》，《大般若經》的要義大致上就掌握到了。《心經》主要講的是空，所以各位若是讀通了，也就能空了。另外一部重要經典《金剛經》，在《大般若經》第九會〈能斷金剛品〉，也有相似的內容。說相似，其實還是有不同之處，舉例來說，三藏法師鳩摩羅什翻譯的《金剛般若波羅蜜經》，其中的「金剛」，象徵的是智慧，意指擁有如金剛般的智慧，能把眾生度到彼岸；可是玄奘大師與其所屬的唯識系統，翻譯的則是《能斷金剛般若波羅蜜多經》，玄奘大師的譯本「波羅蜜多」，多了一個「多」，是翻譯上把尾音也譯了，又多了「能斷」兩個字。這多了「能斷」兩個字，「金剛」的意思就截然不同了。此處的金剛象徵堅固的煩惱，而般若能斷如金剛般堅固的煩惱，因此能將眾生度到彼岸。兩位大師對於「金剛」的譯義雖有不同，但兩部經典最主要的精義則是相同的，都是要以般若將眾生度至彼岸，不論這個般若是像金剛般堅固，還是這個般若能斷金剛般堅固的煩惱。金剛只是一個比喻，不同的經典，在比喻上就可能有不同的解讀，但因為鳩摩羅什譯的《金剛經》在漢地較為流行，所以人們多把金剛形容為般若智慧。

以上就是六祖在談般若時，主要援引的經典。除此之外，還有一些早期與般若系統較有關聯、講述空性的思想，以及《維摩經》，甚至是當時玄奘大師自印度歸國後，所帶回的般若系經典，惠能大師在《壇經》中也都有引用到。它們一致的重點，都在於般若。諸位知道，初期印度佛教出現的大乘經典，即是般若系統經典，這個系統的經典在整個佛教思想上，扮演著非常重要的角色，在其流傳的歷史中，也出現過幾番義理上的變異。最早期的般若，代表的是佛教最深的思想，從根本上來講，也確實如此，所以六波羅蜜中，最終要達到的就是般若波羅蜜。講到般若波羅蜜，其所指的就是空的智慧，即「緣起性空」的智慧，而後在不同的經典中，對於「緣起性空」的解讀，依著經典詮釋的思想之不同，就有了不同的解讀。早期經典的詮釋，仍是以般若為根本，將其視為最中心的思想；但後期經典則認為，空的智慧雖是大乘佛教的中心，但並非是最究竟、了義的，因此後人便在空裡再建設了一些內容，於是衍生出了空、有兩個系統。

空、有兩系統一定都會講到空，前者是以中觀與初期般若系統經典為主，它們的空，是畢竟空，也就是徹底、究竟、了義的空；後者以唯心、唯識系統為主，它們認為這樣的空並不究竟徹底，但仍是很重要的，因為通過它，可以空去我們心裡所有的煩惱，於此同時，又有所謂的功德、智慧，或是種種的善法建設起來。例如有一種運作中的智慧，它本是煩惱、雜染的，經過空的洗滌後，它轉迷為悟、轉識成智了，所以說，這個智慧的功能一直都在，只是通過空的轉化，它的性質已產生變化。

還有一說是證得了空後，並非什麼都沒有，而是有「常樂我淨」的功能。這是佛果上的功德，這些果德若是沒有先經過證得空、入畢淨空，將所有的煩惱洗除，是無法顯現出來的，所以說空裡仍是有。

有宗——轉染為淨，轉識成智

「有」，是從世俗的角度，比較偏向唯識的方法。它講識，並認為識一定是雜染的作用，當這個雜染的作用空掉了之後，它並非沒有作用；換言之，當證得究竟解脫的佛果時，識的作用仍在，只是它轉識成智了，它把我們的第六識，轉成「妙觀察智」。各位知道第六識是所有運作的中樞，我們修行、用功，都會用到它；但它也是雜染的，平時我們以雜染的識，做種種的觀察，但這樣的觀察其實已加入了很多煩惱，所以修行就是要把這個雜染的識轉為清淨，把平時世俗的雜染觀察，轉依清淨法界做妙觀察，如此，就能進一步轉第七識為「平等性智」。

第七識因為有四無記：我癡、我見、我愛、我慢，尤其是我慢，就導致了不平等，並起各種分別作用。分別作用的緣起，主要是因為我見、我愛，而起分別迷惑，所以空掉了這些作用，分別不起，這些雜染的識，就能轉為「平等性智」。在一路朝內的修行進程中，如果修行至此圓滿成功了，第八識即轉成「大圓鏡智」。大圓鏡智沒有功能嗎？還是有，它就像一面大圓鏡，能將一切現象清清楚楚、完完整整地顯現出來，於此同時，前五識亦轉為「成所作智」，當它運作出來後，這就是度眾生的智慧了。

綜上所述，持「有」的觀點論空，不論是唯心還是唯識，都認為空其實是一種轉化的作用，它能將雜染的煩惱轉為清淨的智慧，並進一步發揮功能。至於中觀所持的「空」的觀點，認為既然入畢竟空，就不用再談了，為什麼呢？因為入畢竟空後，所有戲論都滅了；不過入畢竟空後，還會出畢竟空，這之後就會自然開始「莊嚴國土、成熟眾生」的事業，也就是要度眾生了，但這個作用並不是「空」裡面有的，而是依空所顯現，也就是說，當人證得究竟清淨的智慧，就會自然而然地明瞭該如何運作這個智慧，但這個智慧是依空而起，而非空本身所有，空就是空，所以空就是了義。

簡述了持空與持有的兩派論點，各位認為，空到底是究竟的，還是空裡頭還有點什麼才究竟？好像有點什麼，我們學習起來會比較容易喔；不過另一方面，空裡面什麼都沒有，就是不斷地破、破、破，破到所有能破的都破完了，空掉了一切，正法即自然顯現，我們就能自然而然地運用種種善法，至此，一切都是空的顯現與流露，而我們有了空的智慧，自然就會有慈悲，自然就會去度眾生。它是一個很自然的過程，而不需要在空裡再加上什麼東西，才能令其運作。

所以中觀系統，它不建立任何的體系。或許會有同學質疑：中觀後來不是出現了自續和應成兩派嗎？其實那是為了和唯識學辯論，方便而設的，但就修行面而言，依「畢竟空」而立的修行方式，又很容易讓人掉入所謂的「惡取空」，認為既然所有一切都空掉了，那就是什麼都沒有，所以修行就是要空掉所有的事相，什麼都不要想，但其實這並不是真正的空，而是掉入了無想定。

空有不二，超越相對

事實上，空是沒有任何語言、文字可以傳達的；不過一旦證得，心自然會清清楚楚。而在此之前，所有的現象顯現，則一定都是相對的，唯有徹底地把所有相對相都空掉，才有可能證得真正的空。簡言之，空一定是不二，也就是雙重否定的同時運作，從「不生不滅」、「不垢不淨」、「不增不減」到「不來不去」……，所有的相對相，全部都以兩個「不」，將它們同時否定，此時便會產生一種超越、超然的作用。但同時我們也發現，如果行者還沒達到能同時否定的程度，冒然採用這個方法，就很有可能是非不分，那就會掉入更下一層無記的狀態，即「惡取空」，以為佛法講空，就全部都空了，連善惡、是非都空掉了。其實這樣的空，仍是一種煩惱，因為它採取的是逃避、拋棄的方式。一般人修行若條件尚未具足，就以為自己已能做到雙重否定，便很容易掉入這種狀態，而這是很危險的，因為當人是非不分，不懂得記別善惡，就很容易隨順煩惱而行。相對來說，此時如果講「有」，還比較安全，不致於掉入「惡取空」的危險裡。

《壇經》後半部針對這點講得比較詳細的，就是惠能大師在度惠明法師時，提的這句話頭：「不思善，不思惡，正與麼時，那個是明上座本來面目？」惠明法師聞言，當下大悟。因為他當時的修行已到了一定程度，只需一個提點，提醒他，他就能夠超越，讓他對於善惡，不僅是「不思」，而且是更進一步的「非善非惡」，達到「一念不生」的境界，此時他便得以真正空去所有的煩惱，因為他已領悟到，所有的法，都是因緣和合所生，而所有因緣和合而生的法，一定都是相對的，這也表示，沒有絕對的善，也沒有絕對的惡，既然同是因緣所生，那麼所謂的善惡，不過是不同時空、不同因緣，所顯現的不同現象罷了，而它們的本性，則是一樣的：空——這才是真正的空。當證得這樣的空，所有的相對相就脫落了，心本然的智慧功能就能顯現出來，面對外界所有的因緣，便能很自然地知道要如何應對。

這就好比我們修到了出離心，要進一步修菩提心前，要先發起增上心，以及五乘共法的正見，從正見到善惡、正見到業報，到最後將這一切都超越了之後，再回到世間法上；同理，證得真正的空後，再入世的覺者，他的善惡是清楚的，絕不是善惡不分，或善惡不明的，但因為他已超越了善惡，所以他不會受到善惡的束縛，並且在本然智慧的自然流露中，他會以最適當的因緣，來處理當下的現象，即便這個現象顯現出來的是惡，他對此清清楚楚，但同時也知道這個惡是緣起性空的，他既無成見，就不會為惡所縛，如此他便得以超越、出離惡的現象，更善巧地去處理它。

悲智雙運，自性清淨

禪門裡有許多公案，都能讓我們領略這樣的智慧。例如有則故事說道，一位禪師的東西被小偷偷走了，別人都覺得這個小偷做的是壞事，但禪師卻說沒有關係，他偷了這些錢，表示這幾天他有錢花用，那麼至少這幾天他就不會做壞事了。對禪師來說，小偷今天雖做了壞事，但之後的幾天他不做壞事，那麼這幾天可能就是他的一個轉機。這就讓我們想起前幾天提到「良寬禪師送月」的公案，小偷雖然偷走了禪師的破袈裟，但最後他卻是洗得乾乾淨淨，將袈裟物歸原處。所以禪師洞見的是轉機；至於我們，大概會認為要善惡分明，小偷就是要抓起來，但這樣是否會失去了一個讓他改變的機會呢？有一則故事是這樣的：一個小偷到廟裡偷香油錢，正巧被老和尚撞見，於是老和尚對小偷說：「你拿這個錢去用，要先跟佛菩薩拜一拜，說一聲。」小偷也很聽話地照做。後來小偷還是被逮了，在他的口供裡也提及曾到廟裡偷香油錢，於是老和尚被請去當證人。可老和尚卻說：「他沒有偷，因為他已經跟佛菩薩說過了，『不與取』才叫偷，至於佛菩薩默然，那就是認可了，所以他沒有偷。」因為老和尚的話，這個小偷的犯行少了一個，罪就判得比較輕，他出獄後，就找老和尚出家了。

像這樣的智慧，我們很難想像，也很難做到，對不對？但我們先前也談到，禪的智慧、禪的慈悲，並非是要做出什麼大事，而是要在現實生活中，很自然地將禪的慈悲與智慧融合在一起。有一則故事是這樣的：一位禪修者在河邊打坐時，發現一隻蠍子掉進水裡掙扎著，他伸手將蠍子撈起，卻被蠍子的毒刺給螫了，痛得不得了，不過他還是繼續打坐。過沒多久，他發現蠍子又掉進水裡，於是又把牠給救起，這次還是給蠍子螫了。就這樣，他一共救了蠍子三次，也被螫了三次。一旁的漁夫見狀，不以為然地問道：「你明知蠍子會螫你，為何還要救牠？」「螫人是牠的本性，慈悲是我的本性。」禪修者說：「我救牠，是因為慈悲心的運作，我的本性不會因為牠的本性而改變。」說話間，又聽到蠍子落水的聲音，禪修者毫不猶豫地立刻出手相救，卻被漁夫阻止。漁夫將一根枯枝遞給他，讓他用枯枝將蠍子撈起，放在岸邊，而這次他沒被蠍子給螫了。事後，漁夫告訴他：「慈悲也是要有智慧的。你的慈悲並不會受惡法的影響停止運作，但也要用智慧，採取合宜的方法，總不能老是拿自己的手給蠍子螫，那對自己就不夠慈悲了。」這是一個很有意思的故事。其實禪門中，有許多的故事、公案，甚至是一些禪師的事蹟，雖未必全都真實，但它們之所以被傳頌，乃在於它們蘊含了禪的意涵在其中。例如這則救蠍子的故事，就是將慈悲心在現實生活中如何運用，做了很生動具體的表達，同時也讓我們了解到，禪的智慧不是在自身之外再加上什麼，只要依其原原本本的樣子自然運作即可，而這也貼近了六祖所謂「自性清淨」的要義。

同時我們發現，中國佛教接受的是般若系統的智慧，因此特別著力在般若與空性的探討。所以六祖特別強調，所謂空，可以「摩訶般若波羅蜜」來形容，摩訶即大，多大呢？像虛空一樣大。我們一般人的自性就像虛空，而這個虛空的本性，即「虛空性」，則有無限的大。不過，大並不是空空洞洞的，若是如此，這麼大也沒什麼意思了。這個虛空無限的大，能包容所有的萬法在其中，就好像我們看到無限大的虛空，裡面充滿星星點點，而感到其中有著極其豐富的內容。所以，禪法在談到空的時候，也特別提醒，空不是惡取的、斷滅的空，不是什麼都沒有的空，各位學會了打坐，並不是就空掉了所有的煩惱，腦袋就整個放空了，這樣可是很危險的喔！空不是什麼都沒有，這點是在理解、體會空性時，特別要提醒諸位的。

佛家的空與道家之空的差異

包括禪宗在內，中國佛教在詮釋空義上，相較於「空」，更喜用「無」字。無的意思，也不是什麼都沒有，所以空、有是相對的。佛教最重要的觀念之一，即緣起，緣起的法則為「有依空立」，既然如此，有、空就是相對的：有，才能顯示出空；空，才能顯示出有。所以不是「無中生有」，而是「無中立有」。假如是無中生有，那就成了道家的觀念了，道家認為從無中能生出一切萬物，而佛教則是持緣起性空的觀點，兩者是不太相同的。

如前所述，早期佛教論空，說的是「畢竟空」，即究竟、了義的空。一旦證得畢竟空，所有戲論都滅了，但這不表示空就沒有了功能，只是它的功能無法以任何的描述加以形容，而它本身會自然地運作。所以入畢竟空後還會出畢竟空，這時，不必在空上再附加些什麼，自然就有各種度眾生的方便。

但佛教發展到後期，有一說認為，若空上什麼都不加，可能有的修行人就不敢入空了，因為他們誤以為證到空，就是什麼都沒有，那就變成了惡取空、斷滅空。所以，為了不讓修行人掉入惡取空、斷滅空，便要講果德的智，即所謂「常樂我淨」。人一旦證得了涅槃果，便會有種種的功能顯現，心原本是識的功能，此時就會轉成智的作用。以這樣的方式理解，修行人就會有一個著力點，也會有比較明確的方向和目標；但在修行的過程中，我們如果還執著有一個「有」，或有一個「真如本性」要去證得的話，六祖就告訴我們了：你別想你的本性是清淨的，就要去找出一個淨來，要看著它。既然自性清淨、自性是空，如果還能找出一個自性出來修，那它就是多的、有問題的。

那我們又該如何理解後期佛教在空上所做的建設呢？其實這些建設，是一種善巧、方便，幫助我們在用功修行時有一個明確的目標。各位試想，假如沒有這些建設，我們修行要修到哪兒去呢？修到見空性嗎？空性能見嗎？又用什麼來見呢？事實上，我們的心，本性就是空，而這些建設則能讓我們有明確的方法，做為修行的著力點。

各位參話頭「本來面目是誰？」、「拖著死屍走的是誰？」參到最後，當你見道了，便會發現，原來真是滅諸戲論，所有的話都是多餘的。正如虛雲老和尚所云：「虛空粉碎也，狂心當下歇。」當此之際，還有什麼好說的呢？沒有了。但虛雲老和尚可是拖了三十多年的「死屍」，做為天天用功的話頭，才能夠見道的。由此可知，修行用功是必經的歷程，通過具體的方法，例如參話頭，不論是參一念未生前的本來面目是誰、參父母未生前的本來面目是誰，或是參拖著死屍走的是誰，都是讓人往內心裡看。過程中，你會覺得裡面有個本來面目，等待著你一窺究竟，但所有看到本來面目的人，都會發現，它是沒辦法講的，可是沒辦法還是得講，於是不同的人，就有了不同的表達；不過禪師們並不會直接告訴弟子他所見的道，而是讓弟子自己去參，因為不同的人，所見亦不相同，他若把所見告訴弟子，反而可能堵了他們的悟門；但不能說還是要說，那怎麼說呢？虛雲老和尚是以一首詩來形容，最後僅簡單說道：「虛空粉碎也，狂心當下歇。」而緊接其後，又有一偈曰：「燙著手，打碎杯，家破人亡語難開；春到花香處處秀，山河大地是如來。」這部分就屬證空之後的建設了。

人只要證空了，把所有煩惱都空掉，就會發現，原來心靈的空間有無限的廣大，也因此，它能夠做出很多的建設。但這些建設，未必是你先前設想好的，或是見道前就有的概念。我們拿拆舊房子做比喻，拆之前，你可以先想好未來要蓋什麼樣的新房子，並且先設計好，這是我們一般的作法，當然這樣的作法也是正確的；就修行來說，一般也是先告訴你有常、樂、我、淨的果德，告訴你本來面目、真如本性等的佛教觀念，這全部的知見構成了一張圖，接下來你要做的，則是拆解這張圖，當全部拆完了，你會發現，你所見的就跟拆完了舊房子後的那片空地一樣，你看著空地，接下來可能會照著原本的設計圖，蓋起新房子，但也可能你覺得原來的設計圖未必適合這塊地，於是重新設計。此外，還有可能，你並不抱持任何概念或想法，就先把舊房子打掉，等拆除並清乾淨了之後，再來看應該怎麼建設。

在禪法裡，默照是比較偏向中觀的妙方法，透過不斷將我們在每個當下的因緣所發現的種種煩惱放下，因為這些煩惱都是妄念，都是身心所顯現的狀況，我們對此清清楚楚，但不受其干擾，讓煩惱漸漸脫落，脫落到最後，能所俱泯，所有相對的作用，全都被「不二」，也就是雙重否定了。至此，無能無所，即證悟空性。至於話頭的方法，則較偏向如來藏系統，也就是先給你一個模型，讓你知道未來新房子可能長什麼樣子，然後再來拆舊房子，直到整個拆完淨空，再來看要如何建設。

證悟空性，就像拆光了舊房子後得到的空地，要如何建設，全看個人。有的人看著空地，靈感自然就來了，所以他是先拆了再打算，反正拆完了，看著空地，自然就會知道要如何處理；但大部分的人，還是要在拆舊房子前先設計好，才能夠生起信心，知道拆掉後還能夠建設起一所新房子，如此才敢動手拆舊房。因此，建設前是否要先設計好，這點是因人而異的，有的人有此需求，有的人則否。

空的各種善巧與方便

禪的般若，就是以上述的方法在運作。此外，六祖還談到了空，同時他還提醒，虛空裡面，並非什麼都沒有，而是仍有種種的清淨或善法要建立。所以不是「空空無大千」，空中還有各種的功能存在。至於空中的建設是要先設計好呢？還是拆光了再說？如果你是準備放空一切，那就用默照的方法。不過即使是默照，拆舊房子還是有次第的，不是說拿了槌子，就這兒敲那邊打，你還是要按照方法，先只管打坐，或是覺照全身，有了這個前方便，才能夠讓能所統一，而後你將看到，原來統一的能所都是相對的，如此你才能夠以雙重否定，達到能所雙泯；如果你需要先有一個模型，那就用話頭的方法，也就是先知道有一個本來面目。話頭可以有很多種，但最後體會到的本來面目，則都是一樣的，都是證悟空性。

因此，關於空性的探討，還是要回到佛法最根本的原理上來談；至於這些原理的應證，則是方便善巧各有不同了，依其不同，則發展出諸如中觀、唯識、如來藏等各種不同的系統，而禪法則是融通了這三大系統的特色。例如惠能大師常常提醒大家，迷悟之間視乎一念，又說般若就是要空掉所有的煩惱，而空本身即是清淨，此外，他還為大家建設了一個真如本性，也就是清淨的自性，讓我們的修行有了著力點，能有一個很明確的方向，而這些都是大乘佛教很重要的思想。

不過大部分的人，都以為中國禪宗與禪修法門是比較唯心的，也就是偏向如來藏系統，但我們也發現並非如此，因為禪宗也說「轉煩惱為菩提」，此說較偏向唯識；而「即煩惱、即菩提」，所有的相對，可以相即，也能透過雙重否定，讓兩邊俱空，也就是「非煩惱、非菩提」，乃至於所有的相對：善與惡、去與來、是與非……，皆是如此。這就是畢竟空，其中也含有般若，而這則偏向中觀的思想。

學習到最後，各位是否發現，原來不論用什麼方法修行，最後都是要回到「空」上來修。禪法也好，大乘佛法也好，凡符合依空而修，就是般若波羅蜜，也就是能讓我們到達解脫彼岸的智慧，而這就是修行最主要的正知見。有此正知見的引導，我們就能夠回到經典，依此理論進行教學，並為修行指引出明確的方向。

學習般若智慧

般若是佛法修行非常主要的一環，能不能解脫，就看我們有沒有般若智慧。

在佛法的修學裡，如果修的是一般世間的善法，如持戒、行布施，與修一些基本的禪法，修得好的人，甚至可入更深的禪定，但這些仍不外世間善法的範疇，因為即使入到初禪以上的定，乃至四空定，由於還在天界裡，所以仍屬世間法；如果是要求解脫，就必須發出離心、修戒定慧；若是要更進一步修菩薩道，就要再加上布施和安忍。

布施一方面是種福田，累積福德因緣，一方面是有更多的善緣善法，我們累積愈多的世間資糧，就愈能夠幫助別人，也才能夠度眾生；至於安忍，實際上就是「無生法忍」的智慧。「無生法」指的是不生不滅的法性，「忍」是認同，當我們對「無生法」

有了全然而正確的認知後，還能夠認同它，並安住於其中，這就是「安忍」，也是菩薩的智慧。雖然六度裡還有所謂的般若波羅蜜，但安忍的行持本身即已具備了般若的智慧，有了安忍的智慧，我們在跟眾生相處時，才不會被眾生的各種煩惱干擾、影響。

其實大多數人都是很樂於付出，做各種幫助別人的事，但常常在幫助別人的過程中，發現自己最後卻是被別人的煩惱所干擾。所以昨天說了一個蠍子的故事，故事中的修行人即使被蠍子螫了那麼多次，但因為他了解安忍的道理，也有安忍的行持，所以不會受到煩惱或惡法的影響，退失了慈悲心；但同時我們也發現，他的方便智慧還不夠，才會一再出手相救、一再被螫。這個故事也讓我們了解，要跟各式各樣的眾生相處，真的是很不容易，而不管眾生多難度，都能夠與之和合地相處在一起，這又更難了。要做到這點，必須要有智慧，智慧的作用即在於化解人內心所有的困擾。佛陀在《金剛經》裡說了一個很著名的故事：佛的前世為修忍辱行的「忍辱仙人」，他因遭當時的國王「歌利王」所嫉，而被節節支解身體，當此之際，他非但不起煩惱，還發願成佛後第一個要度的就是歌利王。各位能做到忍辱仙人這樣的工夫嗎？如果不能，就有可能被眾生度過去喔。

我們有時會搞不清楚，自己究竟是在度眾生呢？還是被眾生度了？我們充滿熱忱地辦活動，想接引更多的人學佛，但活動多辦了幾次，就發現自己起煩惱了，因為接觸的眾生愈多，接觸眾生的煩惱也愈多，於是自己也跟著起煩惱，最後就被他們給度過去。怎麼樣才不會被眾生度了？安忍。所以安忍非常重要。

至於般若本身，亦有層次的劃分，也因此在六波羅蜜外，還有所謂的「十波羅蜜」，也就是在六度後，再加上「方便、大願、大力、大智」。我們一般講六波羅蜜講慣了，對於十波羅蜜比較陌生，其實《大智度論》中所述的禪波羅蜜，講的就是十波羅蜜；此外，南傳佛教修的也是十波羅蜜。南傳佛教所謂的波羅蜜，一如功德，所以修行人若是修得很好，就可以說他「波羅蜜很多」。

其實「波羅蜜」是梵文，字面上的意思是「彼岸度」。用中文來看，「波羅蜜」就成了倒裝句，因為中文說「到彼岸」，梵文則是說「彼岸到」。兩者的文法雖不同，但意義上我們只要掌握好一個重點，即波羅蜜是修行的法門，只要完成這個法門，就能幫助我們度到解脫的彼岸。至於「波羅蜜」這個用詞被廣泛地運用，則是在大乘佛教出現之後。大乘佛教強調六波羅蜜，或說六度修行，表示修行的整個過程裡，必須要具備許多功德，並實踐許多的善法，而其中最主要的就是般若波羅蜜。為什麼它是最重要的呢？因為如果沒有修得般若波羅蜜，整個修行就只是修世間法而已。

大乘學人在修菩薩道時，一定會談到慈悲喜捨，意思是菩薩以慈悲心、大悲心為上首，而要生起甚深的慈悲心，就必須具備慈悲喜捨的四無量心，其修行次第是先修四禪，再修四無量心，因為四無量心本身可做為禪定的扶持，它能讓四禪的修持更加安穩，也因此，四無量心是跟禪修相應的，且仍屬於世間善法的範疇。而在傳統的禪法裡，即有慈心觀的修持，也就是在禪修的最後祝願所有的眾生；至於在南傳佛教的《慈經》裡，其祝願則包括了在家人、比丘與沙彌，但不包括比丘尼與沙彌尼，因為在南傳的傳統裡，並沒有這些人，而這則反映了一種特殊的時空因緣；至於大乘佛法所講的慈悲，範圍則更廣，同樣是祝願，各位看〈淨行品〉的祝願，內容就深多了，相較於傳統禪法的慈心觀，只在祝願離苦得樂，〈淨行品〉的每一個祝願，則都在引導我們出世間。

方才提到般若之有無，是世間與出世間的轉折關鍵，那麼般若波羅蜜最重要、最核心的力量與作用為何呢？在於它能解除我們內心的煩惱。換言之，般若就是一種「無自性」的智慧。

文字般若——經典中對般若之探討

關於自性的用法，在中文的佛法系統裡，包括如中觀、唯識、如來藏，都是用「自性」這個字眼表達，不過講「圓、成、實三自性」的唯識，和講「真如本性」的如來藏屬有宗，因為它們皆強調有自性，但講「畢竟空」的中觀則是無自性，但重點是，不論是中觀、唯識或如來藏系統，當進入實修時，其實要證悟的都是般若，它們的差異只在於證悟後對於般若的詮釋，誰能把般若講得更究竟，或是講得更了義，這部分就是判教的問題了。我們知道中國佛教是判圓教，所以太虛大師立了「法性空慧」、「法相唯識」、「法界圓覺」的三宗次第，認為法界圓覺宗所論的般若是三宗裡講得最究竟的；至於傳統印度佛教，在判攝上則以中觀為了義；但站在唯識的角度，他們又認為自己講的「三自性」才是了義的。但不論如何，這些都是屬於文字辯論的層次。

有了這個基本的認識後，再來理解「般若是無自性的智慧」，就會知道，這個觀點是比較接近中觀系統的。各位看龍樹菩薩所造的《中論》，其中所述的甚深觀行，像這樣的深觀，是沒有辦法做思惟的，所以中觀做的是空觀，但如果你還假定有一個空可以觀，那就又有自性了，因此很多人覺得中觀似乎沒有一個很具體的修行方法，但我們回到為中觀奠基的龍樹菩薩時代，其實他所提倡的是大乘佛法，而當時是以般若系統的經典為主流，至於後期的重要經典如《華嚴經》、《法華經》等，當時也已開始結集，但還不是很完整，而最主要的還是《般若經》。

這個時期的《般若經》雖然還不到六百卷那麼大的部頭，但已是初期經典中最主要的部分，它的內容講的都是空的智慧，可是要怎麼落實在具體的修行上呢？這點在龍樹菩薩的《大智度論》裡皆有述及。基本上，《大智度論》的內容，涵蓋了當時佛教所有經典的主要思想與修行方法，從原始佛教、部派佛教，乃至大乘佛教的六波羅蜜，龍樹菩薩在《大智度論》裡都談到了，也談到了它們各自以什麼方法用功修行，為了讓這些修行方法看起來更具體，也更便於理解，他在書中舉了大量的例子，並蒐羅了許多佛教故事，像佛陀累世的本生修行故事，在《大智度論》中都可以看到。所以這是一部滿好看的論典，而我們從中也發現了一個重點，即龍樹菩薩不論談的是什麼樣的修行方法，他最後一定會回歸到一個最重要的論點，也就是無自性。換言之，我們之所以要認識這麼深廣的各類修行法門，最終的目的就是為了見到無自性，它幫助我們建立起這樣的一個觀念：度盡一切眾生，而實無眾生可度。即使我們為了度眾生而做了許多事，但沒有一件事乃至於一個人是我們所執著的。為什麼不執著呢？因為一切法皆無自性，都是空，我們是在沒有自性見的般若下，由般若波羅蜜引導著我們修行、度眾生，所以無自性，也是廣大性。

很可惜的是，這部論典現在只有中文版本，導致其他系統的佛教，不知道原來龍樹菩薩有把當時所有佛教的修行法門，歸納到中觀的系統裡，因而以為中觀的修行方法只有觀想，而不知道原來它也有具體的修行。

再談到《大智度論》的中譯，最早是由三藏法師鳩摩羅什完成，共計一百卷。據稱龍樹版的《大智度論》多達一千卷，而羅什大師光翻譯其中的初品就有三十多卷，所以其後的內容他只做簡要的翻譯，即使如此，南北朝的慧遠大師仍覺得羅什大師的譯本過於繁瑣，故再加以刪削成約二十卷的《大智論抄》，不過這個版本並沒有留下來，現今僅存序文。從序文的內容來看，印順導師分析而判斷梵文版的《大智度論》，則是三百卷。不論一千卷或三百卷，奇怪的是這樣一部重要論典竟然沒有流傳下來，所以藏文的《藏經》裡並沒有翻譯這一部分，這就使得藏傳系統對於中觀的學習，只有深觀，而少了廣大性。

至於廣大性的行持，必須建立在無自性的般若之上，才是真正的菩薩道。修行次第首先要生起慈悲心，這是正思惟；也即是正志，即正確的方向與目標；接著是正見，也就是要有般若的引導；最後覺悟了，所證得的也是般若。慧遠大師《大乘義章》卷十依據《大智度論》立三種般若義，即文字般若、觀照般若與實相般若，我們目前這個階段學的都是文字般若。只是很多人學了文字般若後，就停留在文字上，好比我們讀了很多佛法，這些佛法告訴我們許多的正見，但我們就停留在此，沒有實際地運用，這樣修學佛法便不可能生起菩提心，過程中也不可能有慈悲心帶領著我們持續用功，我們也不可能做到方便波羅蜜的行持。所以文字般若的學習，除了正見，更重要的還是要實踐，好好地修行。

大乘佛法的修行，講的是空，講無自性見；然而當我們開始修行，便會發現，如何能夠直接做到中觀，也就是空觀，這點在修行之初，教人不知該從何思考、從何做起，所以就需要有一些具體的方法，禪定即是其一。像我們現在就是在修「禪波羅蜜」，諸位是進禪堂修，而從前的人則是入山修行。對此，龍樹菩薩曾有過如下的自問自答：「菩薩不是要度眾生，為何又進到深山裡修禪波羅蜜？」「菩薩到深山修禪波羅蜜，不是為個人修，是為眾生而修。」他自答道。怎麼說是為眾生而修呢？因為菩薩若沒有善巧方便，沒有力量，是無法度眾生的，而禪是培養及凝聚心力的一個絕佳方法，禪波羅蜜的行持，幾乎涵蓋了禪定狀態下所顯示的各種方便，例如神通，這些力量都可讓菩薩善巧地運用於度眾生上。所以菩薩入深山修行，不是為自己，而是為眾生修，這就是慈悲心、菩提心。

龍樹菩薩所建設的菩薩道修行次第，是一套包含了「信願、慈悲、智慧」的完整系統，這三者是修學菩薩道所必備的，同時它們一定是一個整體。雖然我們在修行的過程中，這三者不可能立刻完整具足，但諸位一定要先建立一個觀念，即信願、智慧與慈悲，不是從別處來，正是來自於我們的內心，信願來自於人的意志，般若智慧來自於理智，慈悲則是我們的感性作用。所有人的心都具足了這三個功能，只是當心迷惑時，與第七識的染汙意相應，就成了我見、我愛、我癡、我慢的四無記心；然而，藉由修行，這個與貪、瞋、癡、慢種種煩惱相應的心，便可轉化為無貪、無瞋、無癡，與具足信願的清淨心。這個轉化後的心，同時還具足了「三特勝」，即憶念勝（思考力）、梵行勝（德行力）與勇猛勝（意志力），而同樣地，這三者皆是一切眾生本具的能力。

觀照般若——具體可應用的智慧

至此，又回到了我們一再強調的修行原則上，即修行不是從外面找什麼東西來修，所有的修行方法，都是為了讓心本然性的功能，也就是自性清淨的作用，藉由轉化得以完整而自然地顯發。一言蔽之，修行不是外在的、外求的。所以有些人我們稱之為外道，因為他們是向外求法，認為外頭有什麼更好的東西值得追尋，至於佛教的修行，則是直接地往我們的內心觀照，因此文字般若之後，緊接著的就是觀照般若。

觀照般若就是具體的方法，也就是把般若顯現為能夠應用的方法。我們都知道般若即是智慧，但這個智慧要怎麼用呢？從中觀的角度看，只要你證得了智慧，你自然就會知道要怎麼用了；換言之，當你一念覺，證得了自性清淨，此時不需要任何人告訴你，你自然就會知道該如何運用這樣的智慧。中觀的說法可說是最簡單，也最直接了當的；但昨天我們也提到，這樣的說法，可能會讓有些人無所適從，更何況雖然有了智慧後就會知道該怎麼做，但問題是我們現階段還不具備這樣的智慧，本性清淨的智慧功能還無法自然地顯發，所以在智慧能夠自然運作之前，我們還是需要有方法。

從這些方法的運作，我們即可看到各種不同的善巧方便。其實善巧和方便是同義詞，都是指很好的方法，只是我們現在似乎把方便用得太隨便；事實上，根據《釋禪波羅蜜次地法門》的解釋，隨便是對的，只要我們熟悉了方法，就可以在修學止觀的過程中，隨順自己當下的狀態，適當地應用這些方便，這就是善巧，《釋禪波羅蜜次地法門》將之稱為「隨便宜」。以六妙門為例，如果六妙門的每一個部分你都會用功了，你就能依照自己當下的狀態，隨便宜地用方法。比如說你用數呼吸的方法，數著數著數不下去了，此時你就可以先把呼吸放下，改用隨呼吸，讓自己稍微放鬆。這就是隨便宜，因為你知道依照當時的狀態，如果你再數呼吸下去，會愈數愈緊，所以你就要轉個方法；而如果到後來你又發現，連隨呼吸也不行了，此時你可以用止，也就是不再用方法，讓自己再放鬆些。所以如果你很熟悉各種方法的運作，便能夠隨便宜地應用它們。

由此可知，「隨便」這個字眼，在修學的應用上，其實是很認真的，因為認真，才能夠熟悉，熟悉了，才能夠妥善靈活地運用各種善巧的方便；但剛才提到，我們現在似乎把這個實際上很認真的方便用得太隨便了，變成了臺語的「青菜」，凡事青青菜菜就好，然而從佛法修行的角度看，青菜也是很認真的。各位試想如果你請一個人吃飯，問他要吃點什麼，而他回答：「青菜。」這表示你可以隨隨便便拿點什麼搪塞他嗎？或你是不是要告訴他「這家素菜館沒有『青菜』這種菜」？應該都不是的。其實他的意思是「客隨主便」。既然是你要請他吃東西，那麼就交由你來決定，由你為他裁決要吃點什麼。所以這個客隨主便的「隨便」，你可得很認真地看待它，你要很善巧地點菜，才能吃得賓主盡歡。同理，佛法修行也很重視各種善巧方便，所以天台的止觀，有二十五種方便，我們在禪修中學習的各種方法，幾乎都涵蓋在這二十五種方便裡，教導我們在運用方法上一些很具體的技巧。這就是將文字般若，轉化成觀照般若的方法，也可說是觀照般若的前方便。

不過，禪宗基本上不談這些前方便，而是直接認定學人們都懂了。各位看聖嚴師父後期教禪法，也都是直接講禪法，講默照、話頭，因為能進禪堂的人，應該全部的前方便都學過了，更何況在禪堂裡，禪師哪還有那麼多方法要教？沒有的，他會認定你都會了，然後直接給你一個話頭，或讓你參一個公案；但如果你還沒學好這些前方便，就進了禪堂，屆時腰痠腿痛，甚至坐到腿快斷了，禪師可是不管的，所以要進禪堂還真是不容易！像我們法鼓山的禪七，報名後都要經過審核，參加者一定要有禪修的基礎，或參加過幾次禪修活動，才能夠進到禪堂來。不過，我們也發現，有些人雖然參加過一些活動，通過了審核，但他可能平常在家並沒有用功，結果進了禪堂後非常難過，前方便的一些技巧都用不上了，更遑論默照、話頭的工夫；但如果是平常在家都有用功的人，他進了禪堂後，就能根據禪師在觀照般若上的指導，直接地用功。

不過我們早期跟聖嚴師父學習，師父都是從最基礎的打坐、盤腿、數呼吸等工夫開始教起。過程中師父還會巡視大家的狀況，如果誰坐得不好，就用香板幫他挺一下，調整他的姿勢，或幫他按一下肩膀，如果誰不會收下巴，師父也會親自指導。所以能夠在早期跟隨師父學習禪法，真的是很幸福，這些你們現在都享受不到了，況且後來師父的弟子多了，又有傳燈院、禪坐會等各種法鼓山體系內的禪修團體與活動，所以教學的工作大部分就交由師父的弟子執掌，教學的內容則是直接講禪法、教話頭，後期再加上默照，依這樣的進度進行。

雖然法鼓山的禪修，原則上是依照上述的進度和方式運作，但一些用功前的方便與技巧，我們還是會有所提醒的。以前師父也是如此，打七的頭一、兩天，他在禪堂裡的開示，大多是做一些提醒，包括要怎麼調好身體、腿要怎麼盤等等。甚至我們開始打坐了，坐著坐著，師父麥克風拿起來，就講話了，有時是用講的，有時是用棒喝的，有時候甚至會打香板，什麼樣的方法都有，而這些都是針對用功的前方便和技巧所做的提醒，有了這些基礎，方能進入到更深的觀照般若的工夫。

中國禪法屬頓悟法門，各位學習的默照與話頭禪亦如是。至於禪宗之所以大盛於六祖所處的唐代，乃因為此時的中國佛教，不論是在思想上的內容或修行上的方法，都已建設得非常完備。各位看《壇經》，它不但統攝了天台、華嚴等宗的思想，加上這時候《大智度論》六百卷已翻譯完成，其他諸如《大品般若》、《小品般若》、《放光般若》、《金剛經》等經典也都有中譯本流通，《壇經》亦涵蓋了這些內容，並將之化繁為簡。六祖是用最直接的方式，講述禪的思想與修行法門，所以《壇經》裡講般若的部分，只有幾段而已，最後再總括為至簡的一句「一念覺悟」。各位看，多麼簡單！可是這最簡單的一念覺悟，我們卻做不到，為什麼？因為我們太複雜了。所以祖師們才要教我們以中觀的方法，或是用般若系統的法門「入畢竟空，滅諸戲論」，達到這樣的境界了，我們便會發現，滅諸戲論的畢竟空，其實和般若系統的法門是不二的。

既然滅諸了戲論，那就是沒有文字了；但般若經典如《大智度論》，卻是卷帙浩繁；禪宗也是，說不立文字，可禪宗典籍卻是最多的，這樣不是很矛盾嗎？其實不立文字，並不是不要文字，所謂的「不立」，指的是人不要被文字給綁死，當你的工夫與技巧已熟練到超越文字的程度，其實所有的文字就都在你的手上，供你自由地運用了。這就是為什麼般若經典《大智度論》講畢竟空，滅諸戲論，結果自己的篇幅卻是最大，用的文字也最多；禪宗講心行處滅，言語道斷，結果自己講的話卻是最多的，各位看禪師們留下的許多公案和語錄，這些都是他們在講話，還講了很多，有趣的是反而其他宗派的祖師，他們講的話卻往往很少，這就表示當人超越了自身的局限性，一念一悟的清淨本性自然顯發了，這個從畢竟空流露出來的方便，便是沒有限制的。

同樣地，佛陀也說了許多的法，但他也說自己其實無一法可說，故在《金剛經》裡對須菩提說：「若人言如來有所說法，即為謗佛，不能解我所說故。」說佛陀有所說法，就是在謗佛，這麼嚴重！可是佛陀說的法，在全世界各大宗教中，可以說最多的，而世界宗教裡經典最多的，也是佛教，但佛陀卻告訴別人他連一法都沒說，從中我們就發現，其實從佛陀乃至歷代祖師，他們的所有說法，都是一體的，明瞭這個一體性，就會知道矛盾並非真正的矛盾，而是超越了文字的相對性。

這就是為什麼強調滅諸戲論的般若系統，與強調不立文字的禪宗，卻留下了最多的典籍。因為若缺少了這些，就引導不了眾生，無法讓眾生領會「言語道斷」、「心行處滅」、「入畢竟空」的妙義，當然，一旦我們能夠領會，就會知道，原來它們可以非常地簡單。以默照的方法為例，如果你會用的話，便明白這個方法是很簡單的，為什麼呢？因為默照是沒有方法的方法，還有什麼比沒有方法的方法更簡單呢？你什麼方法都不用，就是默照了。各位要知道，默照是心本然性的功能，既然如此，還需要再加上什麼方法嗎？加上去的，反成了雜染；既然我們的心是自性清淨的，還要怎麼淨化它呢？所以重點就在覺悟的那一念，而且六祖在《壇經》裡還立了「無念為宗」，這個無念和方才的一念要怎麼理解、領會呢？做為學人的我們可能要傷透腦筋了。可見所有的文字都有局限性與相對性，也因此，我們才有了不二法門。

一言蔽之，不二法門就是要超越相對。諸位看《維摩詰經．問疾品》，文殊菩薩與維摩詰居士的對話，兩人來來回回，言語交鋒，並讓諸菩薩說他們了解的不二法門。但說到最後是無話可說，這才是真正的不二法門。可是為什麼兩人和諸菩薩前面還要講一堆話呢？因為若不如此，在場的其他菩薩們，便無法明白他們所表的法。所以文殊與維摩詰和諸菩薩的對話，還是要將所有的相對，一層一層地講進去，講到最後什麼都不講了，這才是真正的不二法門。

有一則關於梁武帝的故事，說到梁武帝禮請傅大士講《金剛經》，結果大士上台後，僅隨手拍了一下驚堂木，便無言下座。嗯，明天我們也來試試這一招好了，不過禪堂裡沒什麼東西可以拿來拍，我拿這個鐘拍一下好了。這樣的現學現賣，算是一種模仿，也可說是重複因緣，不過第一個這麼做的人，我們說他是天才，第二個這麼做的人，就是庸才了，如果還有第三個人也這麼做，恐怕就成了蠢材囉。所以我們不要模仿，可以想想有沒有別方法，來表達類似的意境。由此可知，唯有達到了一定的程度，才有能力化繁為簡，若是沒有「繁」做基礎，這麼一「化」，恐怕只是離最後的不二愈來愈遠。

聖嚴師父教導我們默照的方法，雖然是沒有方法的方法，但師父還是說了不少的話。為什麼呢？因為我們還不用不上去呀！因此，師父還得先教我們怎麼用方法。總的來說，禪宗的思想較偏向於如來藏系統，但默照的方法則較偏向般若系統，前者因為講有自性，所以比較具體，但這個有自性，還是要講空，並透過般若漸漸地將各種染汙空掉，空到最後，才能體驗到本來清淨的自性。

對如來藏系統而言，般若是一個過程；但對般若系統和中觀系統來說，般若不僅是過程，它還是完成，也就是「畢竟空」。這真的是最徹底的化繁為簡，而且是破邪顯正，怎麼說呢？因為所有建設起來的觀念、所有的法，一定都是相對的，祖師大德說了那麼多，其實都是相對法，凡相對的法，就可以互相剖析，而後將相對的兩邊都破了，這就是破邪顯正。

中觀的《中論》，龍樹菩薩首先就是拿八不主義破除一切的相對。他先把所有的相對，整合為四個相對：生、滅；斷、常；一、異；去、來；再用八個不，將之全部否定。一定要先把這兩兩的相對性都弄明白了，才能夠否定哦，而光是要把它們弄明白，可能就要用一堆的哲學體系來說明，才能夠在最後用簡單的「不二」——兩個不，把它們全盤否定，而要達到這最後的程度，過程中各位的思惟能力就必須要達到相當的程度，這就需要通過循序地用功，好好地修慧，一旦程度到了，一下子就能開悟。

至於我們現在，仍在觀照般若的階段，也就是還在用方法。除方法外，我們也知道許多的方便，例如教大家什麼方法都不要用，也就是先做到默照的工夫，讓身心統一、內外統一，然後能所統一，接著就是能所雙泯，也可說是能所相泯，因為兩者是相對的，所以是相泯。到最後發現，你能夠破我，我也能夠破你，大家一起破，就空了，這時你就能夠親證無我、無我所，無智亦無得，一切俱空，這就是真正的悟境，而要契入這個悟境的方法其實非常簡單，只要你能夠做到無心、無念、無相、無住。但問題來了，正因為它太簡單了，我們反而做不到，那怎麼辦？做不到就只管打坐。用只管打坐的方法，完全安住在當下的因緣裡，讓整個身心成為一個整體，並且是清清楚楚、了了分明、如如不動的。如如不動是默，了了分明是照，也就是默照同時，這時身心就統一了；但過程中，有時會發現自己的妄念還是很多，或是覺得自己比較喜歡照的作用，那就用覺照全身的方法，覺照整個身體的觸覺，讓覺照與專注的作用統一，接著讓身心統一、默照同時；如果做不到覺照全身，那就局部的、逐步的覺照、放鬆，在此過程中，對於經過的每一個身體的部位，你都能了了分明，最後全身都覺照到了，這就是一個整體，然後再讓身心統一、默照同時；這樣還是做不到，因為身體的範圍太廣了，好吧，那就去注意你的呼吸吧！呼吸也是觸覺，不過範圍比起身體就小多了，所以也比較容易讓心集中。先讓心集中、統一，再來和身體統一，完成了身心統一，再來和默照同時；

這樣還是做不到，那就念佛吧；念佛也不行，那就去旁邊拜佛……。各位看有這麼多的方法，可以視每個人的狀況，一層一層地往外推；但回歸到最直接、最簡單的方法，還是什麼方法都不用，只是這個方法恐怕很多人一開始做不到，才需要有那麼多的方法，來幫助我們。

實相般若——用觀照般若見到實相

上述所有的方法，通通都可以歸納到觀照般若裡，然而最中心的方法，還是當下的、直覺的；只是這樣的方法能否用得上，就得看每個人的程度而定。所以各位要清楚自己的程度，如果你還是需要靠拜佛，那麼多拜佛也是很好的。我們知道拜佛可以懺除業障，而且還能讓人不那麼愛睡覺，因為拜佛也算是一種運動，用來對治昏沉是很有效果的，並且在拜佛的過程中，漸漸地也可達到身心統一，只要你方法用對了，動態中的用功也是能契入境界的。所以有的人拜完佛後，覺得自己比較容易安定下來，這表示拜佛的方法之於他是有用的，同理，有些人喜歡經行，走著走著，你發現他漸漸地愈走愈慢，最後他就靜下來，不動了，看起來好像入定了。由此可見，不論我們在實際用功時，用的是什麼方法，所有的方便，也可說是觀照般若，其實都是不斷地在「滅」。真的是很像減法！也就是從很多，慢慢地愈來愈少；從複雜的，慢慢地愈來愈簡單；從粗的，慢慢地進入到細；從外在的，慢慢地進入內在。修行的方向一定是如此，不斷地由外向內，一層一層進來。

但默照則不然，默照是要直接照見空、無我，能夠做到完全沒有方法；但這對大多數人來說是很不容易的，那怎麼辦呢？那就先告訴你自性清淨、真如本性、本來面目，然後讓你參公案、參話頭。所以話頭、公案是用很具體的方法，讓你見到本來面目。各位要注意的是，參話頭、公案的時候，千萬不要找答案，找答案就變成了猜謎語。提到了謎語，其實猜謎語本身也是很有學問的，在座的同學如果對此道有興趣，大概就會發現，中國謎語本身多多少少和從前的人參公案有些關聯。以猜燈謎為例，為了要解一個謎語，還會有所謂秋千格、上樓格、會意格等等「謎格」的設計，每一格都是一個解謎的方向與提示，由此可知，猜謎的學問可是很大的。在我的文友之中，有一位是我師兄剃度的弟子，他就是個解謎高手，我還曾為他出了本關於解謎的書，其中談到了不少謎語的學問。另外還有一位佛友設計了幾個跟佛教有關的謎語，例如他設了一個謎語，叫「再出發」，猜一位馬來西亞法師，至於正確的謎底是什麼？有興趣的同學可以自己去找答案。

不過，猜謎語是學問，參話頭則不然；猜謎語是對外的、有答案的，參話頭則沒有答案，而是要你見到本來面目。所以參話頭需要有一個自性，也就是一個真如本性，好讓你去參、去修、去見。因為這個方法是很具體的，所以它也是觀照般若的一種，一旦你用話頭的方法見到了自性，此時就跟用默照的方法見到空、無我是一樣的，這就是實相般若；換句話說，用觀照般若的方法，見到實相般若，你就開悟了。

實相般若並不是一大堆的學問，但當我們見到時，便會發現，它跟文字般若還是有關聯的，這就好比我們修行，也是要依正見起修，才能證得最後的正定，所以過程中還是要有文字的引導，不過證到之時，當下即能體悟，原來真的是滅諸戲論，雖然文字所傳達的訊息，也的確是有這麼一回事，但此時已不會被文字綁死，因為你已入畢竟空，滅諸戲論了；接下來，當你要弘法利生，傳達實相般若的時候，便又需要用到文字般若了。這就是為什麼般若系統的經典特別多，因為他們太會用文字了！同理，禪宗不立文字，結果用了最多的文字，因為當他們證得實相般若，空掉一切的執著與文字的束縛後，反倒變得非常善於運用文字。

三個般若，息息相關

各位看中國的禪師，一旦寫起詩來，真是美得不得了，可是由於很多文學家與研究文學史的學者，對詩的格律抱有成見，所以並不認同禪師們寫的詩作。事實上，唐詩的格律，包括五言、七言、律詩、絕句等，這些都是從佛教的偈頌演化而來，但反而是我們的禪師不理會這一套，所以他們寫偈頌，往往跳脫押韻、平仄，但呈現的意境，卻比那些偉大詩人所寫的詩要高多了，文字甚至還用得更美；可是這些作品出現在《全唐詩》的並不多，只因為沒有用平仄、沒有押韻，文學家們就將之排除在外。不過沒關係，至少還有一首〈楓橋夜泊〉，提到了寒山寺，各位讀這首詩，和其他的詩作相比，意境是不是有所不同呢？這就是文字般若的自然流露。

此外，禪宗也有好幾部典籍，專門收集歷來禪師們的公案，不論破參與否，皆集結收錄，所以也可說是公案的紀錄，再由撰述與編輯的禪師們寫詩作評。其中最著名的，就是宋代的圜悟克勤禪師的《碧巖錄》，與無門慧開禪師的《無門關》。我們看這些作品，所用的文字都非常地美，禪師與弟子對話，不僅是出口成章，甚至出口成詩，全部都是詩句，顯見禪門中人的文字修養之深厚。我的師父竺摩上人，他也很會寫詩，他就時常提醒我們，寫佛教的詩或對聯，是可以超越格律的，因為我們要呈現的是其中的理與意境。所以他寫的對聯，雖不完全按照平仄或押韻，但讀起來就是特別地美。

因此，佛教就是循著文字般若、觀照般若、實相般若的次第修行的過程。能證到最深的實相般若當然很好，即便尚未證得，但通過觀照般若，我們也能培養出非常善巧、活潑的文字運用工夫，寫出兼具美感與意境的文字般若，一如祖師們留下來的作品。各位看〈默照銘〉，內容講的是很深的修行體驗，有些甚至還滿理性的，但我們通篇讀起來，仍覺得是一篇很美的詩，可見祖師們在寫作上是比較文藝、感性的，而他們能達到如此上乘的寫作功力，是因為他們超越了所有的束縛，所以文字所流露的，是更美、更活潑的意趣。祖師們所留下的這些作品，也成為我們師法的一種典範。

由此可知，通過循序地修行，如果我們用話頭的方法，見到了本來面目，此時你自然就會知道什麼是空；但是在參的過程中，如果你直接告訴老師「本來面目是空」，這就錯了，為什麼？因為這個空是別人講過的，你再講，就是鸚鵡學語。修行不能重複別人的過程，人家講空，你也講空，這就不對了，這就是為什麼禪師不告訴弟子答案，而要弟子自己去參，因為禪師一旦告訴了答案，弟子就會執著在那個答案上，參來參去，無非是在禪師的答案裡兜圈子罷了。

同理，各位參話頭的時候，也不要抓著佛典的偈頌、師父說過的話，抓著各種各樣的答案，只要用心參就好。什麼空啦、菩提之類的，一定要全部丟掉，因為這些都是貼在你腦子裡的東西，不是真如本性。各位試想，真如本性還能用空或其他的說法表達嗎？不能；而當你見到了、知道了，那當下破參的時候，真的就是滅諸戲論，虛空粉碎，狂心當下歇，沒有什麼話好講的；但當你出畢竟空之時，所流露的，就是很多的建設，也包括很多很美的句子，此時你所呈現的，就不是別人講過的話，而是從你的心自然流露的，無須任何再加工，那才是你的答案。你拿這個答案告訴老師，他就知道你是不是真開悟了。因為老師是過來人，如果你找了一大堆別人說過的話去告訴他什麼是無：「無就是空。」「錯！」「那……是有？」「也錯！」這不過是拿幾個別人的答案，想矇矇看哪個是對的，而這都只是你自己在玩遊戲罷了。真正的參，是你見到了，你會很自然地呈上來，可能是一句話，或一個動作，明眼的老師，一眼就能看出來，你的行為或語言，是否直心，是不是直接發自你的真如本性。

我們要修觀照般若，老實地修，當修到實相般若了，你自然會知道，老師也會知道。所以不要想那麼多，因為你所想的，都是你加上去的，如果你這樣參，就是在想著要怎樣找答案給老師，讓老師可以很開心地印證你，或是可以討老師的歡心……，這些全都是雜染，全都是你加上去的妄念，這些一定要完全地清除，而只有一個話頭。如何才能讓自己只有一個話頭呢？先念話頭，念到一心不亂，念到話頭和你的心統一了，再來參；否則的話，你的話頭就會參雜很多的妄念，與各種複雜的答案，這樣參到最後，也只是假疑情、假參破，即便讓你參到了虛空粉碎，也不過是學虛雲老時尚的鸚鵡學語罷。所以這些都要全部放下，一心念話頭。念到一心不亂，再一心問、一心參，不斷地往內，這才是正確的方法。

接下來的階段，是觀照般若的運作，也就是頓悟的方法，而要達到這個階段，之前還有很多方便可用，各位如果對參話頭有興趣，可以先念話頭，念到不亂的一心，或是用呼吸的方法，數到不亂的一心，再來提話頭；或是用念佛的方法，念到不亂的一心，再來提話頭，但不論是什麼方法，都一定要先讓自己的心，簡化到一心，接著才能用頓悟法門，空掉一心，達到無心。假如你有很多心，你是不可能把心空掉的，因為你空了這個心，那個心又生起，凡有相對，就會此消彼漲。所以一定要達到統一的一心，才能空掉它，用功的過程必然是化繁為簡，簡到一心，再減到無心。

以上所談的修行，都是從觀照般若到實相般若，但仍需要以文字般若做為引導，所以我們還是要閱讀經典，才能讓經典的智慧引導我們正確地修行。

〈第九講〉

禪的偈頌：滅罪無相

〈無相頌〉的內容，在《壇經》中都有述及。
一個偈頌，以修福、修慧、懺悔為主。
另一個偈頌，說明外境現象是內心的反映，
強調修行，即是要向內心觀照，
當一念清淨，即是覺悟。

我們已把《壇經》的主體部分大致地介紹過了，現在要談的是《壇經》裡的兩個頌。這兩個頌都叫作〈無相頌〉，兩者是結集《壇經》所述內容，以偈頌體呈現，一方面是方便背記，再者也方便流傳，這兩首各為五言與七言，諸位如果有興趣，可以把它們背下來。

偈頌是中國古典文學所採用的一種形式。其實放諸四海，不論在哪一個地方，一旦論及古典文學，大多都會談到詩、頌等類似的體裁，而在這樣的體裁中，就有一部分屬於歌，專作唱誦之用，古人將之視為背記的方法，既然要背記，文字當然要簡單，至於有些沒有文字、僅有語言的地方，它們也採用簡練的韻體形式，無論是念或唱起來，自然會有一種同音，如此便能很容易地背記、流傳。

詩歌、偈頌的由來

中國最早的詩歌總集、韻文之祖，就是周朝的《詩經》。原本《詩經》的內容是很繁雜的，後經民間收集，再由孔子篩選，保留下了他認為適當的、最能弘揚其教育理念的內容，編輯後就成為傳世的版本；不過我們也發現，其中的內容，有不少事涉男女情感的歌詞，而這些歌詞，也是很多人喜愛唱誦的。到了戰國時代，最為人重視的辭賦之祖，即是《楚辭》。《楚辭》盛於南方，當時最著名的作者，就是屈原，留下了許多傳世的作品。屈原留下來的《楚辭》，是中國非常重要的一種文學體裁，同時也是重要的歷史著作，這樣的體裁經過不斷地改變，就演變成後來的詩。到了漢朝，出現了所謂的「古體詩」，以及「賦」的文體，兩者的差別在於賦更近似於散文，但兩者都是承襲《楚辭》發展而來。

到了魏晉南北朝，詩的體裁，或說其格局就比較定型了，直至唐朝，即進入了中國詩發展的巔峰，此時作詩的格律非常嚴格，最普遍的格律必須是四句或八句，每句必是五字或七字，我們念唐詩，念的大多是這樣格律的詩。若再深究，我們便發現，唐詩如此作法，其實跟佛教有關，因為佛教經典也用偈頌，且多為四句一偈。先前我們提到，中文是一個字一個字個別的音，每個字都有個別的意義，當字與字串連起來，它可以形成一個詞，這個詞可以有它自己的意思，也可以延伸為別的意思，所以中國文字是很活潑的，是一種充滿詩意的文字，也因此中文詩作，總是顯得特別好，也特別美。反觀佛經的梵文原典，其中的偈頌雖也是韻文體，但因為梵文是拼音文字，所以無法像中文一樣，每一句都以同樣的音作結，且中文五個字就是五個音，但梵文的五個字，有可能念成八個音，雖然兩種文字有此差異，但祖師們在中譯時，還是盡量地依照中國式五言或七言的體例來翻譯，而這就影響到中國詩格律的制定了。

事實上，從漢朝到魏晉南北朝，這段時期的詩，還沒有規定要多少句子，所以多數的詩都滿長的，甚少只有四句，一直到唐代，以四句為主才漸漸成為定制，而這個定制則和佛教有關，它是從佛教的偈頌體演化而來，至於佛教的偈頌體則是源自於印度。中國雖然是詩歌的國度，但中國詩多數是短詩，在唐詩中較長者，就屬白居易的〈長恨歌〉與〈琵琶行〉，上溯至古體詩，漢朝的〈孔雀東南飛〉也屬長詩，至於《楚辭》，其中也有些長作；但和印度詩相比，印度的作品可就長多了，我們知道印度、希臘，它們都有寫所謂的史詩，也就是將其歷史與神話，寫成一篇很長很長的詩，把所有的故事都寫進去，類似現代的小說，所以這些史詩也可視為長篇的歷史小說。印度有兩部很重要的史詩作品，一部是《摩訶婆羅多》（*Mahabharata*），另一部是《羅摩衍那》（*Ramayana*）；反觀中國，中國並沒有所謂的史詩，而以短詩見長。

再者，漢系的佛典很多都包含偈頌體，所以有的經典命名，如《兩萬五千頌般若經》，就直接標示出它內含多少個偈頌；換言之，雖然經典本身是一部長篇，但究內容論，亦是由許多個偈頌組成，所以要說明一部經典有多長，並不是計算內含多少文字，而是以包含多少個偈頌作為判斷的標準，例如《華嚴經》十萬頌、《大智度論》兩萬頌皆是如此。

偈頌便於念誦和記憶

此外，偈頌還具有總結與重複的性質，比如說講完一部經，後頭就接一個偈頌，如此可方便記憶先前講述的內容，或是講了十部經典，最後再結一個偈頌，學人只要背這則偈頌，就能知道這十部經典大致的內容。《中阿含經》就是採用這樣的形式，漢系的戒律亦然，講完了幾條戒，就結一個偈頌，這樣的作法，都是方便背記的一種方式。也因此，偈頌、詩詞多採韻體，只要押了韻，不論是念是唱，都很方便記憶。而這樣的方式，對古代的人來說，尤其重要，因為在文字尚未普及的時代，很多詩詞都要靠背記才得以傳承，特別是一些地方性的曲調、戲劇等作品，例如秦代有一種稱為「秦腔」的曲調，此外還有中國的山歌，它們的傳承多是靠背記，所以在使用的語言文字上，就要簡單而有韻，這樣才能很容易地背誦下來。

其實不只古人，現代人以這樣的方式來學習，也是比較容易的。例如〈普門品〉，有的人可能覺得前面散文體的部分不太好念，但只要念到〈普門品〉的偈頌，「……世尊妙相具，我今重問彼……」不僅容易念，也容易背誦。日本人跟我們一樣，會念《心經》，他們還常常念〈普門品〉的偈頌，就是因為它很容易背記。此外，觀諸中國的一些著作，例如先前提到的湛然大師，他為《摩訶止觀》寫了一部《止觀輔行弘傳決》，他所寫的句子，也是四字一句，很有規律，對於閱讀的人來說，這樣既好念又好記。

由此可知，佛教採用偈頌體，可說是一個很好的方式，具備很多的作用，所以早自佛陀說法開始，他就會在說法後結一個偈頌。《法句經》這部經在中國有好幾個譯本，在南傳佛教裡，這也是一部重要經典。《法句經》全部都是偈頌，有些偈頌，我們念了之後，或許不是很了解它的意思，這時我們可以回頭閱讀它的原典，這其中先是講一個故事，然後佛陀再講這個偈頌，而後再由弟子將其編輯，我們循著這個脈絡閱讀，就很容易理解，並且把偈頌背下來。

從經典看來，可以推知，佛陀的文采與文學造詣應該是很高的，因為他說了法後，就能結成偈頌，好讓信徒、弟子們能夠很容易地背記下來，而這樣的方式，也演變成經典裡常見的偈頌體形式，這些偈頌的內容，有些是重複先前已講過的內容；有些則是增加新的內容，如〈普門品〉的偈頌，除了重複先前佛陀所說的散文體部分，另外增加了一些新的內容。這樣的體裁經過中譯，就成了長行與偈頌並陳的形式，並影響到後來中國文學體裁的發展。

在印度，譬喻師們對於佛法的弘揚與普及貢獻很大，因為他們以說故事的方式，到處弘法。他們很會講故事，而這些故事都是背記經典中的偈頌而來。中國也有很多的譬喻師，他們除了講經典的內容，也會結偈頌，只要一講到偈頌，就是用唱的。其實中國的古典詩，全部都可以唱，所謂「詩歌」，詩和歌是和在一起的，當佛教傳入中國後，比較普及的弘傳方式，稱為「變文」，還由此發展出「變文圖」，也就是先是畫一張很大幅的圖，說法者就講這張圖的故事。例如「西方變」，就是講西方淨土的故事。故事本身有固定的範本，圖則或是畫在壁上，或是畫在布上。畫在布上的，說法者就可以帶著這張圖，一邊給大眾看圖，一邊就講起故事，一張圖的故事講完了，還可以翻到下一張接著講，很精彩的。相較於我們現在弘法是用電腦器材，古人弘法就用「變文」的方式，看圖說故事；除了用說的，他們還很會唱，舉凡詩歌體的部分全是用唱的。

香讚亦是偈頌

我們所唱的讚，例如：〈爐香讚〉、〈佛寶讚〉等，其實很多都是詩和詞。當唐詩的規範愈來愈嚴格，漸漸地有些文人，欲突破其局限，也因此在唐朝晚期出現了詞。詞的句子不受規範，不一定是四言、五言或七言，可是隨其發展，到了宋詞，它的規矩也變得更嚴格了，雖然有幾個句子和每句幾字並無特別規定，但都要遵守詞牌名的規範，以方便人們只要看到一首詞的詞牌名，就知道要怎麼唱。所以詞的規範，可說是音樂的規範。所以各位看〈爐香讚〉、〈蓮池讚〉，兩者各句的長短都是一樣的，因此唱法亦相同，另外，像〈楊枝淨水讚〉、〈韋馱讚〉、〈伽藍讚〉等，也是只要看它的句式，就知道該怎麼唱，包括像〈彌陀大讚〉的八個句子，怎麼唱都規範好了，這樣在唱誦時就很方便，像是講經的人，講到〈普門品〉，散文誦完了，來到後面的偈頌，臺灣這邊是用念的，不過在馬來西亞，有些誦經者會用唱的，這就是沿襲傳統的一種方式。

再說到方才提到的譬喻師，他們是藉由一張張的圖像，說故事、唱偈頌，這就慢慢演變成中國很重要的章回小說形式。諸位有沒有看過章回小說？可能你們看得比較多的是武俠小說；只是現在的武俠小說似乎已經沒有過去的精彩，不過仍有一些武俠小說作家，他們會依照古典的章回小說形式寫作。唐代之前的小說，比較沒有所謂的規矩，而是到了明清時代小說，重要者如《西遊記》，作者為了要描述孫悟空的樣貌，便寫一首詩或詞來形容他，說書人講到了這段內容，不是用講的，而是用唱的，這樣的說書方式非常活潑，其由來即是源自於「變文」。可以想見，以「變文」的方式弘揚佛法，談談唱唱之間，就能吸引到很多人，加上還有「變文圖」可看，這就跟我們現代教育小朋友一樣，小朋友愛看圖，但事實上不只小朋友愛看，大人也喜歡；歌仔戲也是講著講著就唱起來了，可見不只文學，中國的戲曲形式，也是以「變文」為範本而來。

可以想見，佛教如果總是講經、開大座，能度的大概只有少數人，要普化，就必須走入民間。由於中國的詩詞文化非常蓬勃，加上中國文字本身相當詩意，佛教從印度傳入後，便把這些元素結合起來，並且很善巧地運用各種方式弘化，也正是經歷了這樣的過程，佛教才能普及於民間。透過說故事弘法，說的自然不會是太深的故事，所以很多故事是講因果，像目連救母、維摩居士的故事在民間也很流行，西方極樂淨土的描寫也有很多人喜歡。另外，還有十殿閻羅王的故事，很多寺廟裡都有這類的雕塑，用以勸人行善，不可做惡。我小時候很喜歡跟媽媽到寺院，每每看到十殿閻羅王的雕塑，就覺得真的不能做壞事，因為一旦做壞事，下地獄，受著雕塑所刻畫的種種苦，那情景實在太恐怖了。新加坡以前有一對兄弟，一個叫虎，一個叫豹，生意做得很大，後來他們建了一幢虎豹別墅，現在去的人可能少了，不過從前是一個旅遊景點，別墅裡就有十殿閻羅王的雕像。這些都是佛法與民間信仰結合後，普化流通的一種方式。此外，在許多的小說、戲劇中，也包含一些佛教的故事。如果是在學佛後，看這類戲劇的演出，就會知道當中既有佛教，也有民間信仰，但又不完全屬於正統的佛法；不過藉由這樣的表現形式，確實能達到佛教的普及，讓更多人接受佛教信仰。

同樣地，採韻文形式的偈頌體，在佛法的弘揚上，真的是發揮很大的功能，因為它很便於背記。我們知道它有這樣的作用了，去年還將〈念佛禪〉、〈禪門頓悟法〉這些內容都寫成了偈頌並出版，目的就是希望它們能夠更普及。

神秀對惠能的偈頌

這樣的一種方式，就是以文字的功能來弘法，而這個方法，六祖也深諳其道，所以他在《壇經》中，結了〈無相頌〉，這個偈頌是針對在家信眾而說，他先是講述道理，道理說完了再結頌，方便他們背記。我們讀《壇經》，都知道其中有兩個很重要的偈頌，一是神秀所寫：「身是菩提樹，心如明鏡台；時時勤拂拭，莫使惹塵埃。」另一是六祖所寫：「菩提本無樹，明鏡亦非台；本來無一物，何處惹塵埃？」這是後期版本，至於較早的敦煌本《壇經》，後兩句則是：「佛性常清淨，何處有塵埃？」有些許差異，但內容上基本上是相同的。

從神秀與六祖的偈頌，我們即可判攝，兩者的禪法，神秀屬漸修，六祖則是頓悟。頓悟什麼？佛性常清淨。從六祖所謂的「本來無一物」，可知他比較偏向中觀的觀念，及如來藏系統。他並告訴我們，如果你認為有塵埃，那表示你還落在「有、迷」的狀態，而若是悟到了自性清淨，了知佛性常清淨，此時哪還有什麼塵埃？當下就是「本來無一物」，一切都是空，而空中自然沒有塵埃，也就不需要拂拭它了；若還需要擦它，那就表示你還在迷的狀態。

至於當初神秀寫好了偈頌，五祖看看，覺得已經不錯了，若能依此修行，至少有一條路好走；可後來再看到六祖寫的，便覺得這個人太厲害了，可是又不能馬上讓別人知道，所以傳了衣鉢給六祖後，就要他趕緊離開避難，藏匿獵人隊十五年後，方才得到正式的傳法。六祖生平的這段經歷，在《壇經》的各個版本中都有記載，有些版本講述的比較簡單，有些則經過比較多加工，不論哪個版本，都能幫助我們對這段歷史有個大致的了解。

於此我們發現，五祖要弟子們呈上心得，方法也是寫偈頌，至於後代的禪師們，同樣留下了大量的詩與偈頌。各位看《碧巖錄》，內容除了收錄禪宗公案，還包括重顯禪師的百則頌古和圓悟的評唱。現今還有一些道場，維持「頌古」（或稱「拈古」）的傳統，也就是由堂頭和尚（等同於今日的方丈），在禪堂裡帶領禪修，而禪修的方法，就是藉由頌古，提出一則公案，講完這則公案後，再以一首詩或詞作結，這樣就是一堂完整的開示，聽懂的人可能就開悟了；如果聽不懂，那就得繼續用功。由於《碧巖錄》成書於宋代，所以當中評唱的詩詞多為長短句，而非固定字數的句子。此外，一些禪宗修行者，凡有一點心得，同樣也是以禪詩呈現，他的老師一看：「你這是抄來的！」或者雖不是抄來的，但轉折太多，而非直心流露，也不行。

《壇經》中提到，神秀在將偈頌呈上之前，還猶豫了好幾回，最後他是把偈頌寫在牆壁上。本來這面牆已經刷乾淨，也請來了畫師，等著要畫上描繪從初祖達摩到五祖一系列傳法歷程的《楞伽變相圖》，可是神秀不敢進門，只能將偈頌寫門外牆上，到了第二天，陸續有人看到了，後來五祖也看了，便對大眾說：「寫得很好，你們把它背起來。」雖然眾人都沒說，但大家都知道這一定是神秀寫的，並且也看好未來一定是由神秀領眾。但五祖接著說：「好是好，但只在門口，還沒進門——回去再寫。」並說進了門後，方能傳法給此人。聽說神秀回去後，天天想著要怎麼寫，但結果還是沒有寫出來。從這個故事可知，弟子的體悟，是否已入門，通過文字、語言，甚或只是一個動作，老師其實一眼就能看穿，這體驗是否為直心所流露。而當時六祖聽旁人念神秀的偈頌，他也知道還沒入門，所以才把自己的偈頌也寫上去。

〈無相頌〉的要義

由上述故事可知，古代禪師以偈頌呈現心得的風氣頗盛，而這樣的方式也發揮了很大的作用，正如《壇經》中六祖所講的〈無相頌〉，它的作用即是方便弟子背記其所說之法。至於〈無相頌〉的內容，在《壇經》中都有述及。第一個偈頌❶，講到了修福與修慧，也講到懺悔；第二個偈頌，一部分講的是修行人要看自己的問題，這是對在家人而說，告訴他們不要整天看外面的是非。外面的是非，反映的其實是看的人內心的是非，因為人內心有是非、不清淨、有雜染，看到的外在，也會是這些東西，所謂「唯心所現」，即是此意。打個比方，打坐時，為什麼有的人總是覺得不對勁呢？這個不對勁，是誰不對勁？是他的心有問題。因為心有雜染、分別，所以才讓這些問題浮現出來；反之，如果心沒有雜染、分別、是非，超越了善惡，外在就沒有問題了。

所以，他非實則是我非，假如你看到的都是別人有問題，此時你一定要回過頭來看自己。在現實生活中，常常看別人有問題的人，往往本身就是問題最多的人。各位應該都有這樣的經驗，和一群人相處、共事，其中就有人總覺得別人做得不對，一旦有事發生，不對的，一定是別人，不會是他，彷彿他從來沒有做錯事似的。這樣的人，是最麻煩的，旁人都知道他其實就是最大的問題，可是他永遠看不清自己的問題所在。

類似的狀況，不只見於修行，凡心理有問題的人，都有這樣的傾向，永遠都是別人有問題，他沒有問題，就像喝醉的人，看到的都是別人醉了，搖搖晃晃的，而他自己沒有醉，像這樣的人，要改變很難。還有一種人，則是知道自己有問題，卻不願意承認。做醫生的都說，這樣的人很難救，幾乎幫不了他們的忙。修行亦然，一個不願意承認自己有問題的人，他看的都是別人的是非，沒有看到其實是自己有是非；如果他能看出這一點，就會開始改進，因為他會知道是自己不對，並生起慚愧心，而後他會懺悔，懺悔得清淨，於是他會改過。

要改變別人很難，改變，就從自己做起。當你開始改變自己，就會發現，你改得愈多，內在就愈清淨，因為你改的，一定是雜染的東西，禪修過程中一層層剝落的，就是我們的種種雜染。當你用默照時，有什麼東西要執著呢？什麼都不執著，因為此時已沒有方法，也不需要用方法，所有的妄念，你清楚知道，但如如不動。只要你不停住，無住、無念、無相，你就不受妄念干擾，它自然就會過去，此即〈無相頌〉的要義。當妄念過去、沉寂了，這之後你不再加東西，不再讓它輪迴，它就不會再干擾你。當一層一層地把這些雜染剝落下來，到最後，清淨的自性就會自然顯現，並完整地發揮其作用。

至於話頭的方法，則比較具體，即為了見到我們的本來面目，所以往內去參。參的過程中，起了疑情，此時語言文字的作用漸漸地減輕，甚至沒有了，變成一個疑團，讓你只有一個想往內、想見到本性的念頭，這個動力會不斷將你往內推，所以你的力量會很猛，隨著不斷往內推進，一層一層的煩惱、雜染也被剝開了，這就是疑團的力量，剝到最後，你將發現，什麼都沒有，連疑團也參破了，此即所謂「黑漆桶脫落」。在用話頭的整個過程中，人就好似被困在一個黑漆桶中，漆黑一片，什麼都看不到，直到桶底脫落，人從桶裡出來，此時就能大見光明。

相較於默照，比較放鬆，也不需要用力，用話頭的過程則是很猛的。猛不是說要多麼地用力，而是指用參的方法，凝聚話頭與疑情的力量，當凝聚為疑團後，你會感覺一股很猛的力量，將你往內推，這個力量不是你在用力，而是凝聚為疑團後，自然會有的力量，此時所有外在的干擾，完全影響不了你，你就可以一路往內修；至於默照，則是放鬆地處在能所統一的狀態裡，此時所有的問題，都不是問題，因為凡在統一境中，就沒有所謂的問題存在，一切既然都是一體了，所謂的問題，便只有局部的功能與作用，它影響不了整體，如此一來，整體就能繼續保持其完整性，禪修者也能夠進入完整性地覺照。

不論默照或話頭，用功的過程，都不會再加東西，一旦加了東西，就變成了雜染，所以不論用的是什麼方法，都是要將雜染慢慢地剝除。由此可知，原來所有的問題，都不是外在的，而是我們的心有問題，外在的問題，其實是我們心的問題的顯現，只要把所有問題放下，把心裡的各種雜染剝除殆盡，顯現的就是清淨的本性。所以一念迷，全部都是問題；一念悟，所有的問題皆消融，好比太陽處在虛空，卻能照亮一切，只要太陽出來了，所有的雪就融化了，一如清淨的自性顯現，所有的問題就消失了。所以最重要的，還是內心的清淨，而其前提是人必須先見到內心的問題，瞭知所有外在的問題，都是心的問題與雜染所造成。有了這內在的一念覺，才有可能改變，也才能讓修行更有力量與效果；換句話說，你的一念清淨，能讓你發現，原來所有的雜染與問題，都是因為你的心處於迷的狀態才得以顯現，所以所有的修行，都必須往內修，修什麼呢？修內在的清淨；反之，如果你發現一些雜染的存在，並認為是外在的問題所造成，所以你要改變外在，這種向外追求的作法，做得到嗎？做不到的；即使做到了，也都是虛幻的假相，因為真正的問題一定是內在的，只要內在一念清淨，問題就能消融，所有的修行，必然都是以這樣的方式用功。

〈無相頌〉為大乘頓悟法門

〈無相頌〉告訴我們的，除了修福修慧，更重要的是要懂得懺悔。能夠見到自己本身的、內在的是非，而不是去追逐外在種種的好，或是功德、福報之類的，重點是要往內看到自己的問題，並在看到問題的同時，知道該如何處理。從現實生活中，亦可看到一個很明顯的現象，即有精神疾病的人，如果他不承認自己有病，那幾乎就沒救了；但只要他一念知道，也就是從內在覺知道自己有病，而願意用功修行，或是願意慢慢改變，這樣就有救了，醫生也能夠幫上他的忙。一開始，醫生可能會開給他比較重的藥，也會給他比較多的諮詢時間，但隨著他情況日漸改善，醫生諮詢的時間少了，藥也開得輕了，醫生的助力慢慢減少，而加重他本身內在的自力，改善到最後，藥可以開得相當輕微，諮詢也可以不必常來，這就表示他已經慢慢恢復正常了。

修行也是如此。如果你知道是自己的雜染，導致外在唯心所現的，也都是雜染，只要你有這一念覺，你就會知道要向內用功修行。藉著修行，讓自己的心本然性的清淨，與覺（默）照的功能自然地、整體地發揮，如此，雜染就能夠清理掉。當你能夠做到能所統一，甚至跟眾生一體，你便包括在這個一體當中，在這樣的統一境裡，就沒有了是非，而此時你所行的一切，皆是清淨的菩薩行，因為無我、無我所，所以你沒有任何的追逐，只有隨順因緣，不斷做著自己要做的事，菩薩就是這麼修行的。

所以，修行就是要一念回到自己的內在來看，〈無相頌〉談的，正是這個道理。惠能大師主要是對在家信徒講授此頌，方便讓他們背記，並且告訴他們，〈無相頌〉屬大乘法的頓悟法門，當一念清淨之時，即是覺悟。可見這一念的覺，在修行中是多麼地重要。了解這點後，我們在用功的過程中，不論遇到什麼問題，起了什麼樣的煩惱，甚至是發現別人不對的時候，就要馬上回觀反照，馬上回到自己的內心來看：是別人不對，還是自己不對？當你一念覺到自己仍有是非心、雜染心與分別心，就要從此處下工夫去調，怎麼調呢？首先知道自己自性是清淨的，既然禪宗是佛心宗，自是以清淨的佛性來修行，如此便能由內而外，把心本具清淨的功能，更好地發揮出來。

在眾多的經典當中，《壇經》算是滿簡單的；但以內容論，它的內容可說是相當地深，也非常豐富，而且文字相當優美，可以將《壇經》做為主要的功課；經中的〈無相頌〉，同樣文字優美且易於背記，諸位不妨把它背起來。

❶印順導師〈精校敦煌本壇經〉收錄兩則〈無相頌〉：

・第一則：

愚人修福不修道，謂言修福而是道。布施供養福無邊，心中三業原來在。
若將修福欲滅罪，後世得福罪原在。若解向心除罪緣，各自性中真懺悔。
若悟大乘真懺悔，除邪行正即無罪。學道之人能自觀，即與悟人同一例。
惠能今傳此頓教，願學之人同一體。若欲當來覓法身，三毒惡緣心裏洗。
努力修道莫悠悠，忽然虛度一世休。若遇大乘頓教法，虔誠合掌至心求。
（參見：《大正藏》四十八冊，三四一頁上）

・第二則：

說通及心通，如日處虛空，惟傳頓教法，出世破邪宗。
教即無頓漸，迷悟有遲疾，若學頓教法，愚人不可悉。
說即雖萬般，合理還歸一，煩惱暗宅中，常須生惠日。
邪來因煩惱，正來煩惱除，邪正悉不用，清淨至無餘。

菩提本清淨，起心即是妄，淨性於妄中，但正除三障。
世間若修道，一切盡不妨，常見在己過，與道即相當。
色類自有道，離道別覓道，覓道不見道，到頭還自懊。
若欲覓真道，行正即是道，自若無正心，暗行不見道。
若真修道人，不見世間過，若見世間非，自非却是左。
他非我不罪，我非自有罪，但自去非心，打破煩惱碎。
若欲化愚人，事須有方便，勿令彼有疑，即是菩提現。
法原在世間，於世出世間，勿離世間上，外求出世間。
邪見在世間，正見出世間，邪正悉打却，菩提性宛然。
此但是頓教，亦名為大乘，迷來經累劫，悟即剎那間。
（參見：《大正藏》四十八冊，三四一頁下）

〈第十講〉

禪的功德：平等直心

世間善行與布施是福德，
禪的功德，則是自修身、自修心，以達平等直心。
分辨福德與功德之不同，
並將兩者連貫起來——福慧雙修。
與人結緣，布施奉獻，累積福德，
向內自修，精進用功，才是真正的功德。

之前我們談到了般若波羅蜜，從文字、觀照到實相般若，也就是從義理、事修，到印證的一段事理互證的過程。其實這些也都包含在禪法裡，我們現在即是用這樣的方法在用功，而這樣的用功是有功德的。

說到功德，這是佛教很常用的字眼，我們經常跟信徒說「功德無量」，功德無量如果用福建發音，發得不準就變成「功德無用」了，所以各位發音要稍微留意些，我們要講的是無量，也就是很多的意思；但同時我們也知道，無量還有很多其他的意思，因為這個「無」字，用得實在很妙，如果有人告訴你，他有個無價之寶，你會不會直接就拿走呢？因為無價，就是沒有價錢，所以不需要花錢買，直接就能拿走。應該不是這個意思喔。無價是很貴，貴到沒有價錢可以形容，或是擁有者不願意講價錢，因為認為這是最珍貴的東西，無法以金錢衡量價值，所以無價。

有此基本的理解，再回頭談佛教的無量，各位在發〈四弘誓願〉的時候，會不會想說算了，菩薩道太難了！全都是「無邊」、「無盡」、「無量」、「無上」，以至於每天做早晚課發願，念到〈四弘誓願〉時，都覺得心很虛，無法想像該怎麼做才好；其實換個角度想，所謂的「無」，並非一個具體的數字，既然不是具體的，那麼一和二，也包括在「無」當中。這麼一想，在發度眾生的弘願時，就不用擔心能否做得到了。你只管發願，至於能做多少算多少，既然沒有一個具體的數量，告訴你該做多少，那麼不論你做多做少，都是無量，都是無邊。這就是中文字的妙處，讓我們可以這樣解讀「無」字。

達摩的無功德說

再說到功德。《壇經》裡最著名的關於功德的公案，就是梁武帝與達摩祖師會面的故事。這則公案雖說兩人見過面，但有一派學者則否定了這點，認為時間兜不攏。不過菩提達摩東來中國的時間，各家說法不同，所以歷史考據的問題還是讓學者去傷腦筋，我們只管講《壇經》裡的故事就好。這則故事諸位應該都耳熟能詳吧，故事中，梁武帝得知有位從印度來的大師級人物，沿著海上絲路抵達中國，並到了南梁首都建康（今南京），篤信佛教的梁武帝於是立刻禮請菩提達摩一會。現在想想，真不知達摩祖師在當時怎麼會那麼出名，畢竟千年前的中國跟印度，資訊並不通達；也或許是當時能從印度抵達中國的，一定都是了不得的人物，畢竟海上絲路一路艱險，在海上漂流了那麼久，而能夠活著抵達，必定很不簡單，各位看歷朝歷代有多少人西行取經，但我們才記得幾個人的名字？所以義淨三藏法師在〈西域取經詩〉寫道：「晉宋齊梁唐代間，高僧求法離長安；去人成百歸無十，後者安知前者難。」

事實上，也許生還的比例比這還更少些。由此可知，達摩祖師能到中國，真的很不容易，至少也是福大命大。話說兩人見面後，梁武帝向菩提達摩述說自己建了多少廟，度了多少出家人，諸如此類炫耀一番後，他問達摩祖師：「我做了這麼多佛教事業，功德是不是很大？」「沒有功德。」達摩祖師答道。從這個回答，就知道達摩祖師真的是不懂中文的奧妙，他如果了解，可以回答：「功德無量。」因為無量可多可少，而他卻直接說：「沒有功德。」這可讓梁武帝快聽不下去了，於是梁武帝又問：「什麼是聖人呢？」「沒有聖人。」達摩祖師的回答又是沒有。梁武帝再問：「那現在對著我的那個人是誰？」「不認識。」達摩祖師說罷，就走了，而梁武帝也沒有留他。這之後，梁武帝與當時的一位禪師，著名的佛教居士傅大士談及此事，傅大士告訴他：「哎唷！你看走眼了，那位可是觀世音菩薩的化身，是寶呀！」梁武帝聞言，趕緊要將達摩祖師請回，但傅大士告訴他：「你傾全國之力都請不回他了！」因為此時達摩祖師已到少林寺面壁去了，一去就是九年，而後遇到了慧可，才把禪法傳了下來。

上面這則故事，我們聽過，六祖惠能大師的弟子也聽過。他的弟子們聽了，不解為何達摩祖師要這麼對梁武帝說話，所以六祖解釋道，其實達摩祖師說的並沒有錯，我們一般人會覺得，梁武帝做了那麼多好事，他的功德一定很大，會說他功德無量，他聽了開心，說的人也開心，但究其實，並非這麼回事。根據史載，信仰如此虔誠的梁武帝，晚景卻十分淒涼，因為在梁朝被滅後，他是被活活餓死的。我們再看整個中國佛教，佛教信仰最虔誠的時代，就是梁武帝所處的南北朝，包括當時的北齊、北魏，有些皇帝也是佛教徒；但於此同時，卻也出現了滅佛的皇帝。總之，在這個分裂的年代，即使是信佛、做了許多好事的皇帝，最後卻未必能得善終。同樣地，觀諸印度，印度信佛最虔誠的國王，就是阿育王，但阿育王的晚年也不好，據說他臨終前病得很重，最後他想供養五百位出家人，但手上只有一粒菴摩羅果，這要怎麼供養呢？於是就有人拿這粒果子到廟裡煮了水，再拿水供養僧眾。所以印度信佛最虔誠的阿育王，到最後也只有一粒菴摩羅果供僧而已。

福德、功德大不同

看了這兩位帝王生平，可能有的人會納悶，怎麼信佛的帝王，似乎都沒有好下場，以至於有些不信佛的人，還會以此嘲笑我們。其實我們仔細探究一些佛教徒皇帝的行為，就會發現，他們本身有些言行確實是滿引人非議的，就拿梁武帝來說，聽說他好幾次捨身進入寺院，可能是出家，或是幫忙勞作等等，然後他的朝廷大臣們會拿一筆錢供養寺院，再將梁武帝請回，這麼來來回回好幾次。可能佛教徒會覺得梁武帝此舉是出於虔誠，但看在非佛教徒眼裡，只覺得這無非演戲罷了。

再舉一位以殘暴著稱的皇帝為例，此君雖暴虐無道，卻和智者大師交好，他就是隋煬帝楊廣。據說他在稱帝以前，即和智者大師有滿多互動，本來智者大師的法名是智顗，應該稱智顗大師才對，但因為隋煬帝稱讚他為智者，所以後世才稱他為智者大師。隋煬帝對中國的貢獻，在於他開鑿了的一條運河，可是他開運河不是為了人民，而是為了自己。因為他要下揚州巡遊，但騎馬、坐車都太不舒服，所以他乾脆開一條河，乘著大龍船南下。他為了私欲勞民傷財，最後的下場是部下背叛他，把他殺了。

還有一位皇帝武則天，也是篤信佛教，可是她的名聲很不好；反觀唐太宗，他其實不太信佛，但他跟玄奘大師卻有很好的交情，由於欣賞玄奘大師的才華，聽說唐太宗還屢次勸他還俗，認為他如果入朝為官，一定是個很能幹的人，畢竟若不能幹，又怎麼能從中國走到印度，並且安然返回？單單這個意志就不得了，加上他的學問非常好，所以僅管玄奘大師終究沒有還俗，但唐太宗還是禮請他寫了一部《大唐西域記》。這部著作在學術界是非常重要的，因為印度人不注重歷史，所以要認識當時西域一帶諸國，就非藉助《大唐西域記》不可。各位是否覺得，唐太宗會要求玄奘大師寫下這部著作，表示他很有文化意識呢？其實不然。他考量的是政治的作用，為了征服西域諸國，所以才想多了解當地的風土民情。由此可見，唐太宗確實是個厲害的皇帝。

上述的例子是要向各位說明，篤信佛教的人，還是可能有些奇奇怪怪的行為；儘管有些佛教徒皇帝有其引人非議之處，不過我們也不要一筆抹煞他們對佛教的貢獻，這些貢獻仍是值得肯定的。例如中國佛教徒注重吃素這點，相傳就和梁武帝有關，因為他從大乘經典體會到不應該殺生，所以他特別倡導吃素。當然在一些大乘經典裡已特別強調吃素，加上中國佛教本身的發展因緣，在在都促成了中國佛教獨特的素食文化。

漢傳體系完備之時，同時也形成了寺院叢林制度，叢林要自耕自食，所有事務也都是內部自供自給，這點就和傳統印度佛教的出家人大異其趣了。大凡包括佛教在內的印度修道團體，都是外出托缽，所以他們不能對信徒有所要求，至於信徒供養出家人，也不能為了供養而特別殺生，例如為了供養出家人，就殺了一隻雞，這位出家人若是知道這雞是專門為了供養他而殺的，他可以不接受這個供養，但如果是這家人先煮好的，只是拿其中一部分的雞供養他，他便可以接受。

所以托缽仍有一定的規矩，對印度的出家人來說，不能夠要求信徒特定供養，信徒給什麼吃的，就吃什麼。至於中國的叢林，因為飲食是自己料理，也就可以決定吃些什麼，試想一下，在有數百人之多的寺院裡，如果不吃素，大寮可能就要變成屠宰場了！所以中國佛教一定要改變生活方式，吃素可說是勢所必然，也是時空因緣所造就，並且這還是我們的福報，因為只有我們漢傳系統能做到這一點，其他佛教系統要落實吃素還真是不容易，以西藏來說，他們哪有什麼蔬菜可吃，他們的主食就是肉類，如果要吃菜，就是吃一大堆茶葉，所以他們的茶是連葉子一起吃的，不這麼吃的話，攝取的纖維就不夠了。

財布施——無所求心，內施外施

由此可見，在佛教的發展歷程中，我們漢傳系統可說是最有福報的，而這點亦和梁武帝的提倡有關，此外，我們所拜的「梁皇寶懺」，也是他為已過世的皇后郗氏所輯，他可說是佛教界一位卓有貢獻的人物，但可惜由於一些偏差的行為，最後得不到好的果報，以此為鑑，正可讓我們檢討，究竟何謂功德。所以六祖對弟子直言，達摩祖師說梁武帝「沒有功德」是對的，因為他累積的是福德，而非功德。所謂功德，「自修身是功，自修心是德」，換言之，修行是要往內修，往自己的身體、行為去修，那才叫功德。以佛教常提到的布施來說，布施分為財布施、法布施、無畏布施，而財布施本身又分外財與內財，外財指的是物質、財富、土地等物資可作供養，內財則指身體。我們這個身體，能做供養嗎？能，身體的勞動，例如當義工，就是內財施；此外，身體有些東西可以捐出來的，例如捐血，或是人往生時有些器官還可以使用，像是眼角膜、心臟、肝臟、腎臟等，都可發心捐獻。設想一個人捐出眼角膜，就會有兩位失明者受惠，而且日後他們還能把受捐的眼角膜再捐出去，所以一個人發心捐贈的利益，甚至是可以延續兩、三代，讓多達五、六位甚至更多的人受惠，也因此，器官捐贈的觀念在馬來西亞是滿被提倡的，像我們有些學佛的家庭，假如家中年輕的孩子因故過世，做父母的就會把孩子的身體捐出來，把有用的器官捐給需要的人。此外，還有些人是捐大體，供醫學院實習的學生解剖，或者是有些人生了病，他也可以把自己的身體捐出來，供研究人員了解他的病程以及發病的狀態，做為病理研究或新藥的研發之用，以幫助未來罹患相同疾病的人有效治療。

上述都屬於財布施，不論是內財施、外財施，只要有能力做到的，我們就盡量去做。以我自己來說，我是捐血，捐到現在大約有七十次，但我覺得還不夠多，因為中間有段時間比較忙，捐血的頻率就跟著減少，那段時間過了之後，我又比較常去捐血了。所以視各人狀況，能做到的盡量去做，就是財布施，而做這些事不可或缺的就是發心，發心包含一個很重要的心理，即自修心，既然是自修，就不要有功利心在其中。很多人行外財施，就是帶著太多功利心了，以這種心理布施，雖然基於善有善報的因果律，還是能夠得到應有的回報，可是得到回報的同時，若是像梁武帝一樣，修心的工夫不夠，福報用得不得當，這時就會有很多問題跟著浮現。

社會上很多富有的人，他們之所以富有，累積許多福報，是因為他們真的行了很多布施，可是為富究竟仁不仁呢？那又因人而異了；為富若是不仁，現前所受的福報，將來很可能會帶來很大的問題。同理，修菩薩道的人，要度眾生，就必須要有大我的觀念；假如修菩薩道而沒有破我，沒有建立無我的觀念，那麼即使修行得很努力，並且結了很多善緣，這樣的菩薩道終究是無法成就的，我們稱此為「敗壞菩薩」。各位不要把敗壞菩薩想得很差勁喔，很多世間掌握權力的人，就是修菩薩道沒有成就，但卻修了很多世間福報，這些福報包括了財富、權力等等，但因為他們沒有修心，所以沒有功德。

由此可知，福德不是功德，累積福德但卻沒有修心，久了還是會出問題。很多人在外汲汲營營地追逐，包括很多學佛人也是如此，一來學佛就想著要少少付出，得到大大回報，這種功利心，就是「一本萬利」的心理，想說花個一塊錢，可以賺到一萬塊，中國人做生意最喜歡這樣，其實這個觀念是最錯誤的；真正會做生意的人，應該是「萬本一利」，這表示你的本錢雄厚，即使利潤不多，但因為底子夠厚，所以能把生意做得長長久久。修行也當如此，千萬不可抱著僥倖的心理，心想打坐一個小時，就要得到一萬個小時的功德，而應該是要打坐一萬個小時，得到一個小時的功德就好，然而這一個小時，你是開悟了，也就是說，你用一萬個小時的打坐，換來在一個小時裡的開悟，這就是頓悟。頓悟需要一萬個小時嗎？不用，它可能就是一剎那，發生在某次一小時的打坐裡；然而在此之前，你可能已打坐過一萬個小時不止，所以你是用長時間的用功，換得這一小時的受用。各位不要以為，這一個小時的獲得，是一本萬利，正好相反，你是由於前面一萬個小時的用功，才得以在這一個小時裡有所作用。所以修行真的是萬本一利，這個觀念很重要，我們在談功德的時候，一定要注意到它是內修的工夫，如果反其道一味向外追逐，這樣一定會出問題。

我們看到很多應該很有福報的人，最後反而是福報害了他們，這就說明了所謂「業障」，並非只有惡業才是障礙，福業、善業其實也常成為我們的障礙。構成障礙與否，與業有關，但並非絕對的關聯，而主要是要看我們的用心是否正確。得到果報之時，若人還在迷惑的狀態裡，這個果報就會成為障礙，正所謂「惑、業、苦」，面對或樂或苦的果報，由於迷惑，就會導致造更多的業。沒有錢的人要造業，有時還造不起來，然而有錢的人一旦造起業來，後果可能是更可怕的，因為他們能造很大的善業，也能造很大的惡業。

大多數的人，是處在苦樂參半的狀態裡，假如心一念迷，起了貪瞋，那麼不論面對的是善、惡、苦、樂，都可能變成危險的武器，若還因此傷害了眾生，其實受傷最重的會是自己，因為最後是自己要承受果報，只是多數人發現這點時，往往已是果報自受，為時已晚；反之，若心一念覺，人開了悟，此時以清淨的心面對所有的果報，這些果報不論好壞，都能成為度眾生的資糧。可見，人若是沒有佛法的修行，沒有內修，沒有真正的功德，那麼做再多好事，都可能會發生問題。

我們做慈善事業時，一定要注意自己的心態，例如參與救災，千萬不要覺得做得愈多功德愈大，甚至因此感到歡喜，相反地，我們要有一種心理，覺得世間怎麼這麼苦，我們之所以做那麼多慈善，社會之所以需要成立那麼多慈善機構，表示眾生多病多惱、多災多難，才需要他人的幫助，希望往後類似的慈善能做得愈少愈好，因為這代表眾生的憂患與世間的災禍減少了，所以能少做就少做，但在不得已、非做不可之時，我們還是要盡力地從事慈善，並在做事的時候，始終抱持正確的心態，這點對我們個人乃至社會各類慈善團體，都是很重要的提醒。

這個世間實在是太多苦難，太多人需要我們的幫助，所以聖嚴師父說：「救苦救難是菩薩，受苦受難是大菩薩。」大菩薩是來度我們的。你以為是去救他們，但其實是他們來度你，你明白這個道理，就能為大菩薩所度，同時你也度了他們；但如果你不懂這個道理，那麼你做得再多，所培養的這些福德，無非都是一般的世間善法罷了，而無佛法在其中。

法布施——隨順因緣，分享法義

以上介紹的是財布施，接下來介紹第二種布施，即法布施。法布施，除了佛法的布施之外，一般的知識、學問也包含在內。我們有多少知識與學問，都將其奉獻出來，而佛法更是如此，受用到多少佛法，我們就是盡量地、無條件地和大眾分享。這種分享的心理，是行法布施時一個很重要的觀念，因為知識學問也可以是一種交易。例如現在大多數人面對老師這種身分，幾乎都將其視為一種職業，認為他們是為了要領一份薪水，才來當老師的。這個觀念普遍存在於西方，所以西方人認為自己和教育他們的老師是平等的，只因老師的學問比自己好，為了要增長學問，就要付出教學費給教育他們的老師。

至於中國的觀念就很不同了，我們強調尊師重道，而把老師放在很高的地位，對老師非常尊重。所謂「一日為師，終身為父」，學生會自稱為弟子，就是兄弟的關係，老師之於學生好比兄長，而老師教導、照顧學生的態度，也彷若父子，所以師父與弟子，是中國人乃至東方特有的倫理觀念，這在西方是沒有的，西方人強調的是我給你錢，你來教我，當老師沒有東西可教了，師生關係便告結束，不像我們，教我們小學的老師，當我們成人後甚至隔了數十年再見到他們，我們還是會感到很歡喜。

我有位老師，去年往生了，他同時也是校長，並且還會寫文章，我後來有了一個出版社，就幫他出了書，那時我大約五十來歲，每每見到他，我都很歡喜，因為還能看到小時候教育過我的老師，這表示老師很長壽，而且到我這年紀還能有個人讓我老師長老師短地叫著，真是很難得，也特別高興。

這就是中國師道觀念的可貴之處，雖然老師當年也是拿薪水教育我們的，但我們也了解，老師也是一個尋常人，他還是要有所謂的「正命」，做為維生的方法，但同時，老師教育我們，是用心地教學，這就讓老師不只是一份職業，還是一種志業，他把老師當作一份事業認真經營，如此，學生也感受到老師對我們的照顧，一如父母般地付出關心。這就是東西方觀念的殊異之處。

法布施就是分享。佛法中我們得到的受用，哪怕只有一點點，我們也都很樂意跟別人分享，以這樣的心理行法布施，佛法在整個推廣的過程當中，就更容易為他人所接受。但要特別提醒大家的是，有一些人，雖有心弘法，可是態度不太正確，他們會以強迫性的推銷，要家裡以及周遭的人接受。所以有些父母學佛後，他們的孩子就遭殃了。有沒有這樣的情形？有喔！在家菩薩，你們要小心喔，你們學佛、回去分享很好，但是不要強迫推銷，更不要強迫你的孩子跟你一樣，硬要帶他們來山上當義工，若是如此，保證他們日後能自主的時候，一定是能跑多遠就多遠，你打電話給他們，他們一定是用語音留言，先聽你是不是又要拉他們來當義工，如果是就不回電，這就是被你嚇壞了！你認為佛法很好，可是孩子還沒有這種觀念，你若是強迫接受，他們就會很難過。因此，我們要懂得如何分享。

在馬來西亞，有一些學佛的女性，她們要當媽媽了，懷孕期間我們就鼓勵她，多跟寶寶交流，方法就是念經給寶寶聽。寶寶在媽媽的肚子裡，母子的心靈是相通的，此時媽媽念《地藏經》，可以為寶寶多消一些業障，或是念〈普門品〉，因為是觀世音菩薩的經典，可以藉此保佑孩子平安。這就是一種分享。而這樣的分享，小生命真的感受得到，因為在孕期裡，寶寶即有心意識的功能，六入業已開始運作，有的媽媽會在懷孕期間來打七，也因此，我們有所謂的「禪寶寶」，最大的禪寶寶已經大學畢業了；還有一位禪寶寶，十三歲就來打七，打七期間不僅坐得非常好，我講的開示，他說他都聽得懂，回去後還跟他的爸爸分享。可見只要用心分享，或是用心地念經迴向，媽媽的心就可以跟孩子的心感應，就有懷孕的媽媽禪眾說，當她帶著寶寶來打坐，感覺真的可以跟寶寶進行一種很內在的交流。所以這些禪寶寶，我說他們都是「倒立蓮花」，因為他們在媽媽的肚子裡是倒立的，一尊尊就像蓮花盤腿似的，後來有些禪寶寶也加入我們的行列，因為他們真正是從小熏習，而這樣的熏習就是法布施。類似這樣的分享是好的，也是正確的，但可不要在他們長大後，又用各種方式強迫他們，我們該做的，只是引導他們。

同樣地，我們面對信徒，也是採取分享的方式。所以法布施，不是推銷，更不是將任何強迫的成分加諸在信徒身上；但我們也發現，有些人在弘法的時候，帶給信徒的不是歡喜，而是恐嚇，言必稱舉心動念都是造業、造罪，讓信徒因此心生畏懼，而覺得非依賴此人不可，不敢離開他了。這些都是歪曲，並且沒有任何功德，因為他讓信徒對於佛教產生很大的誤解。弘法如此，學佛人亦然。先前我們舉了幾位帝王為例，其實放眼周遭，我們身邊可能就有些人，學佛學到行為怪異，簡直不像個正常人。例如有些人原本很有錢，學佛之後，就把全部家產捐出去，讓一家人都過著很苦的生活，要知道不是每個家人都和他一樣，學佛固然很好，但也要尊重其他家人，過正常家庭生活的意願。

佛陀度弟子時，他並沒有強迫弟子做什麼，只需要受三皈五戒即可，當弟子回到家裡，原本是婆羅門的還是婆羅門，原本有其他信仰的還是可以照信，佛陀對此並不強迫，只有當個人有意願修得更深些，或受更深的戒，便可以追隨佛陀出家，或受持更深的法門與戒律，至於一般的學人，還是可以過正常的生活，重點是要把三皈五戒融入生活之中。所以用功修行並非是把生活翻天覆地地改變，而是要把佛法精神融入其中，這點學佛人一定要懂得，不然的話，恐怕就如達摩祖師所說，沒有功德了。

無畏施——施以無畏，使人心安

第三種布施，即無畏布施——施眾生以無畏，讓眾生心安。我們是否要像達摩祖師一樣，能夠讓二祖慧可禪師安心，如此才能行無畏布施呢？其實不用到那種程度，有時候，信徒心裡有問題，希望我們幫忙化解，我們能做的不是要給他們什麼東西，其實就是聽他們說，他們講完了，覺得有人分擔了，然後我們再像聖嚴師父一樣，勸他們幾句，他們得受用，就能安心回去了。再者，家裡有老人家，老是跟你講以前的故事，你聽了如果說：「你已經講一百遍，我都能背給你聽了！」這就不是好的方法；你就是聽，當作是第一次聽，把每一次都當作第一次。

我們先前也說過，沒有重複的因緣，老菩薩這回跟你講，可能是站著講或坐著講，上回可能是冬天講，而現在說則已是夏天了，所以每一次講都不同。就像我們打坐，我們知道每一次打坐都是全新的、當下的因緣，老菩薩跟你講話亦然，所以我們就抱著這樣的心態聽，這就是一種無畏布施，因為你讓老人家的心裡得安慰。要知道他們重複說著這些話，是基於對過往的回味，也可能是在他們的記憶裡，就只剩這些東西了，他們可能不知道自己已經跟你講過很多遍，而他們之所以不斷重複述說，表示這個故事在他們的生命裡占有重要的分量，所以我們每一回都是歡喜地聽，他看你聽得那麼歡喜，會以為是第一次跟你講，而你聽得那麼津津有味，這也會讓他們非常開心。所以像這樣的無畏布施，是每個人都能做到的。

身為出家眾的我們，也能夠做到上述的無畏布施。俗家裡有老菩薩的人，偶爾回去看看他們，他們講的一定是過去的故事；而你不要一回去，就只想著要跟他們講佛法，要他們多拜佛、多念佛，不如現在就一起趕緊來拜吧！不要只想著說你想說的，應該是多聽他們說，至於要講什麼都隨順他們，你偶爾再放一點佛法進去就好。這就是無畏施，給他們以安慰，同時又讓對方很歡喜；而不是你每次回去，遠遠看到你來，就想著你又要來說佛法，又要叫大家念佛了，還讓老菩薩因此起煩惱，索性躲在房間裡，假裝睡覺，或是進洗手間，久久不出來，因為他們知道你回去一趟大概只能待上半個小時，所以他們就想辦法躲你二十五分鐘，只留五分鐘給你。行布施不該是這樣的，而應該是要讓對方歡喜。

佛法是好的，但佛法的分享，切記不是強迫性，也沒有推銷的性質，因為我們並不是在做買賣，而是因為佛法太好了，所以非得讓更多的人知道不可。以這樣的心理和眾人分享佛法，這裡頭就包含了無畏施、法布施，只要我們抱持正確的心態，真正用心地行種種布施，然後不斷地往內修，並讓心常常保持在一念覺，這樣的布施才有功德。

功德——自淨其意，福慧雙修

反觀一些有錢有勢之人，他們可能持續地信佛、學佛與布施，但如果他們沒有很好的修行，在法義上持續地深入，未來他們不見得能在累積的福報中得到什麼，甚至有可能這些種下來的福報，反倒變成另一個造業的機會，由此可見修行的重要。這裡再引梁武帝為例，他貴為帝王，也稱得上是位敗壞菩薩，可見他以前不知做了多少好事，幫助過多少人，行了多少布施，才能得到這麼大的福報，擁有那麼多的財富，並凝聚權力，促進佛教的推廣；但在信佛的過程中，他因為有些引人非議的行為，導致後來出現一些問題，他的這類言行，就成了非信佛者或是對佛教採取批判態度的學者，用來調侃我們的話柄了，說信佛的人，信到最後卻成了這個樣子，落得這般下場，對此我們要引以為鑑，對功德一定要有正確的知見。

對於功德，六祖惠能大師一句話即中要害：自修身，自修心，一念覺。換言之，知道自己清淨的心，這才是真正的功德，而不是一大堆外在的東西。當然外在的善行與布施還是得做，但我們要謹記，那些是福德，而所謂福慧雙修，如果只修福不修慧，最後的結局，也可能未必盡如人意。有些人不理解，而認為怎麼佛法說因果，可是這些行善之人的結局卻不符合因果呢？事實上，因果的組合過程是極其錯綜複雜的，如果我們做一件善事，內心卻含藏許多的貪、瞋、癡等煩惱，這麼一來，這個善法就被染汙了。正如〈七佛通戒偈〉所云：「諸惡莫作，眾善奉行；自淨其意，是諸佛教。」諸惡莫作，眾善奉行，還得要自淨其意才行呀！所以修行是往內修，也就是要很清楚地知道，自性是否清淨，而在此過程中，當然仍是有各種外在的修行，可是一定要將其連貫到我們的內心，使之融合成為一種內在的、清淨的修行。

能做到如此程度，便能登上菩薩初地，也就是歡喜地。而後行菩薩道，已是空掉了自我，此時所有的福報，皆化為淨財淨資，有這些好的資糧，就能度許多的眾生。所以入畢竟空，再出畢竟空，此時就能夠莊嚴國土，成熟眾生了，因為這個程度的菩薩，本身擁有很大的福報，並能實踐許多的善法，而在度眾生的同時，自己還能夠繼續用功修行。所以登地的菩薩，在破了我見之後，便能勢如破竹地一路往上，直到進入最後一個阿僧祇劫，十地的修行很快地就能完成。

至於我們，現階段的修行，一方面要將功德與福報區分清楚，同時還要將其連貫起來。如果我們完全沒有外在的布施，不論是財布施、法布施或是種種其他的布施，我們就無法跟眾生結緣，如此，你要幫助眾生，卻可能不知道眾生在哪兒，或是眾生都不來找你。這就是為什麼有的人明明說法說得很好，可每每他要說法的時候，有意來聽法的人，就會因為臨時有事或各種狀況而來不了，這就是他沒有跟眾生結下善緣使然。人與人之間的緣，很多是靠外在的因緣結合，過程中並累積了福德，所以我們還是要不斷地從事對外的、累積福報的布施，同時認真地落實向內自修的工夫，如此福慧雙修，才是真正的功德。

〈第十一講〉

禪的西方：唯心淨土

東方人往生淨土，西方人往生哪裡？
往生淨土是佛為接引眾生而開的法門，
六祖強調，修行應回到「自淨其心」，
如此便「心淨國土淨」，當下即淨土，
不管十萬八千里，或遙遠的十萬億佛土，
只要好好禪修，佛土就在一念清淨的當下。

各位看這個「德」字，它的古字並沒有雙人旁，只有右手邊的部分，而右邊的字，其實就是直心。現在我們寫德，右手邊的「目」是打橫著寫，如果把它立起來，上頭加一個十，下面再一橫，再加一個心，就成了直心。由此可知，德的古字就是直心。這個巧合很有意思，佛教裡，我們講直心是道場，指的就是德，至於古人講德，講的也是心，而且正是直心。

關於功德，可說是佛教界談得最普遍的課題，《壇經》裡也有提及。六祖是借用梁武帝與達摩祖師的公案，切入這個課題，而除了功德，還有另一個同樣談得很普遍的課題，那就是關於往生西方淨土。這部分《壇經》也提到了。《壇經》的原始版本，講淨土講得很簡單，只用兩段文字就講完了，至於後期的版本就比較複雜，添加了比較多東西，例如「慈悲即彌陀」一類的內容，都是後期添上的。後來的版本裡還有句話很有意思，說東方人造罪，可以念佛往生西方，那麼西方人造罪，念佛要往哪兒去呢？這話在早期版本裡是沒有的，可見是後來加上去的，也由此得知當時念佛往生西方的觀念與法門已相當普及。

西方淨土在哪裡？

淨土法門如果從初祖慧遠大師算起，大師是魏晉南北朝人，年代可能比達摩祖師還更早些，可見其起源甚早；再者，淨土宗在中國佛教的觀念裡，相較於日本人對於淨土宗的看法，兩者有著很大的不同。中國佛教有所謂的八宗，若由日本人來寫中國佛教史，這八宗彼此之間必然是界線分明，因為這正是日本佛教的特色，各宗派間有嚴明的界定，所以日本的道場隸屬哪一個宗派，那是很清楚、脈絡分明的。日本祖師們把中國的佛教法門傳了過去，繼而設立宗派，由於彼此間壁壘分明，久而久之，各個宗派自身就會形成獨立的教派；反觀中國佛教，宗派間並沒有嚴格的界定。以禪宗為例，有臨濟與曹洞二宗，在這二宗的道場裡，或許禪堂陳設或法器的造型會與其他宗派有些許不同，但論及修行法門，參的話頭還是「念佛的是誰？」，早晚課還是要持誦咒語，同時也念《阿彌陀經》，而不似日本佛教，各宗修的完全是自家內容，而與其他宗派無涉。

由於日本宗派本身的界線明顯，所以他們寫的中國佛教史，也讓人感覺似乎中國宗派間也有非常嚴格的規範與界定，但究其實，在中國佛教的觀念裡，宗派並非是有組織的機構，古代的中國叢林，不論隸屬哪一宗，並不會在叢林之下還劃分許多分院組織，頂多就是有幾個下院，因為叢林多是在山上，位處市區的下院乃是為了方便而設，與組織的擴張無關；不過今日臺灣有些佛教團體，組織的方法就和日本的宗派組織滿類似了。有此理解後，我們再看臨濟宗和曹洞宗的祖庭，臨濟宗的祖庭在臨濟寺，也有一說是在臨濟禪師所駐的臨濟院，不論是臨濟寺或臨濟院，如果去過那裡就知道，其實不會想到用「總本山」這個有點類似行政中樞的辭彙來形容它；至於曹洞宗祖庭天童寺，日本曹洞宗朝拜的祖庭就位於此，可是他們來朝拜，也就僅在這間寺院而已，祖庭之下，並沒有再劃分其他的分院組織等等，天台宗祖庭國清寺也是一樣的情形。事實上，中國大部分的叢林，不論哪宗哪派都是如此，就拿臨濟宗來說，諸位以為臨濟宗所有的管理，都是由臨濟寺統籌管轄嗎？沒有這回事。我不久前才去臨濟寺參訪，它位在河北省石家莊附近，道場小小的，不是很大，當地還有一個道場叫隆興寺，可比它大多了；可是全中國大部分的叢林，都說自己屬於臨濟宗，可見中國人的宗派觀念，和日本人所想像的不太一樣。

至於淨土宗的宗派觀念就更不明顯了，因為從淨宗初祖慧遠到印光大師，只傳了十三代祖師，從慧遠迄今，已千餘年，所以平均下來，一百年才出一位祖師。可見淨土宗並沒有很明確的傳承系統，其宗派觀念也沒有嚴格的規範；律宗也是如此，從始祖曇無德尊者到弘一大師，也才傳了十一代。所以有人主張，淨土與律宗不應該歸為宗派，而僅是一個學派，一個供人學習的法門。

若上溯初祖慧遠大師所提倡的淨土法門，各位認為它會和我們現在一樣地念佛嗎？不見得喔。我們知道持名念佛的方法，是從《阿彌陀經》提煉出來的，後來經蓮池大師、蕅益大師等淨宗祖師的提倡，尤其當代印光大師，更是倡導甚力，因其僅持誦一個佛號，就可以往生淨土，故在所有念佛法門中，可說是最簡單、最方便，也最容易的；但若細究《阿彌陀經》談的往生條件，其實也滿高的，因為要念佛念到一心不亂，從若一日到若七日，就像我們在此打七，要整整七天念佛念到一心不亂，才可以往生，當然，如果是念一天一心不亂，亦可往生，總之，唯有念佛念到一心不亂，方能往生。

淨土宗之西方淨土

不過還有一些淨宗經典，則是把往生條件放得很寬，例如《觀無量壽經》裡，將往生條件分為三品，每一品再劃分為三，即上品上生、上品中生、上品下生，中品也分上、中、下，下品亦然，總之條件講得愈來愈複雜，而《觀無量壽經》還有所謂的十六觀，其中十三觀屬於觀想的方法，其他的三個觀，談的即是從上品上生到下品下生這三個不同品位各別的往生條件。其中，下品下生的往生條件很簡單，說到一個人既沒念佛，也沒學佛，但也因為他沒有信佛、沒接觸過佛教，所以也沒有毀謗過大乘佛法；他還可能做過一些壞事，造下一些惡業，所以說不上是個好人。像這樣的人，臨命終時，竟能遇到一位善知識，例如一位出家人，勸他念佛，而他亦能夠依其所言，十念念佛。此處的「十念」跟「十聲唸」不同，十念的念沒有口，不一定要發出聲，但心一定是收攝的。他在臨終之際，能夠收攝心，很虔誠地十念念佛，如此即能往生淨土；但此時他只能到邊地，還不能進入淨土，而必須在蓮花內待上多劫的時間，等時間一到，蓮花化生了，觀世音菩薩就會來接引他，教他懺悔法門，這之後才能進入淨土。可見，假如他沒有遇到善知識，很可能就要下地獄了，果真如此，他就幾乎沒有機會得遇佛法，接觸淨土法門；然而在最關鍵的時刻，他有福報遇見並相信了善知識，這表示他還有一點點的善根，也因為有此善根，所以阿彌陀佛願意接引他。由此可知，阿彌陀佛的願真的是大願，連這樣的眾生，都願意度他，只要他非常專注地十念念佛，即能下品下生到西方極樂世界。

至於原本就念佛求往生的人，如果同時還希望自己臨終時，能有人幫他十念念佛往生，這個想法可是很危險的，因為依賴他力是很不得已的條件，既然已經在學佛、用功修行了，又希望有人能在臨終時幫忙十念念佛往生，這樣的作法真能往生嗎？很難講。因為阿彌陀佛之所以設下比較寬鬆的往生條件，那是針對下品下生者，而非是給已在學佛的人，所以我們學習淨土法門，發願求往生，千萬不要想像自己下品下生就好，而一定要發願上品上生；既要上品上生，就不可少善根、福德、因緣，所以念佛要念到一心不亂，並發願修菩薩道度眾生，如此，你的願便與阿彌陀佛的願相應，就能夠上品上生。

以上是針對學佛人修淨土法門所應發的願。但為了提倡淨土法門，並接引更多人修習，於是把入門的條件放得很低，《無量壽經》裡便提到，只要十念念佛，阿彌陀佛就會來接引；不過這個十念是心的念，可是後世重編經典後，有的就把念加了一個口，讓閱讀的人以為，只要唸十聲的佛號，就可以往生了，如此便曲解了原本的經義。

《無量壽經》也稱為《大阿彌陀經》，相較於《阿彌陀經》、《觀無量壽經》只有一個版本，《無量壽經》則有好幾個版本，經中法藏比丘（無量壽佛）所發諸大願，依版本不同而數量不一，並非每個版本都是四十八願，但後來漸漸以四十八願為共識，並據此為定本。直至清代以及民國，都還有人提出《無量壽經》的改編版本，但當中有些便是曲解了原本的經義，如此便是不合佛法，也不合淨土法門，對此我們要特別留意。

事實上，若依《阿彌陀經》修淨土法門，其實是很簡單的，因為只要你發願往生，並且念佛念到一心不亂，阿彌陀佛就會來接引你，即使你在念佛求往生的一期生命最終，並未如願往生，但仍可以確定的是，只要你有念佛，就一定會往生，因為經典裡提到「已生、今生、當生」，所謂「當」，就是當來的意思，換言之，什麼時候往生不知道，但一定能往生，這就像我們說彌勒菩薩「當來下生」，指的是彌勒菩薩一定會來到我們娑婆世界成就佛道，但是什麼時候來，不知道；同理，「當生」就是一定會往生淨土，但什麼時候去，不知道，可是因為我們有發往生的願，並且依淨土法門認真修持，所以對於往生是很有把握的，只是不確定會發生在今生或下一期生命，雖然不確定何時能往生，但只要我們念佛念到一心不亂，符合了這個條件，那一期的生命就一定能往生。

由此可見，《阿彌陀經》把往生的條件講得既簡潔又明確，如果我們依據這部經典來弘揚淨土法門，不但淺顯易懂，也能讓修行人清楚掌握用功的方向：念佛要念到什麼程度呢？念到一心不亂。這樣的往生條件是很明確的；不要想像十念往生，更不要想像臨終時有一堆人來幫我們助念，要知道修行的工夫一定是靠自己，雖然助念確實可以幫助往生者營造一個比較好的環境氛圍，但往生者一定感應得到嗎？不一定。有過助念經驗的人，助念時，我們當然希望往生者能得到受用，而我們至誠的心念，也確實能讓往生者獲得一些益處，但話說回來，我們若是自己本身念佛、發願求往生，卻又寄望、依賴這些外在的條件，那就有些危險了，同時這也是一種僥倖的心理，表示你對自己沒有信心，要知道往生必須是信、願、行具足，如果信心不足，願就不懇切，願不懇切，行就沒有力量；反過來說，如果我們的信心堅定，願必然是懇切的，行必然很有力量，信、願、行具足，如此方能往生淨土。

自淨其心，當下淨土

以上所談，出自《阿彌陀經》，六祖時代也有人拿這部經典問他，東方人往生西方，那麼西方人往生哪裡呢？六祖答道，往生淨土是佛陀在舍衛國時，為了接引眾生而開的法門，主要是針對下根者而說，至於上根者自淨其心，所以唯下根者才要求生淨土。此外，他則引《維摩經》提醒眾人：「心淨國土淨」，如果我們的心修到清淨了，當下即是淨土。根據六祖的回答，我們可能會判斷六祖是知道《阿彌陀經》的，但另一方面，《阿彌陀經》裡提到「十萬億佛土」，但在《壇經》裡，六祖則是說，西方極樂世界離我們「十萬八千里」，而十萬八千就是人心中的十惡八邪，所以斷十惡就是十萬，破八邪就是八千。各位看這個說法，和《阿彌陀經》所謂的十萬億佛土幾乎沒有交集，所以又讓人覺得六祖大概是不知道《阿彌陀經》吧。

其實不論是「十萬億」，還是「十萬八千」，這些數目字無非是針對行持所做的一種譬喻，這就好比「無量劫」，這個數目字要怎麼計算呢？可能有人會以時間，或是以功德來計算，又好比各位拜佛，可能有些同學規定自己每天要拜兩百拜，兩百拜要拜多久呢？半個鐘頭拜得完嗎？動作快的人有可能喔。像參加精進佛七的信眾，一天拜上好幾千拜，而且這還是念佛以外的功課，所以他們往往是半夜不睡覺地來拜佛；但是不是拜得愈多，功德就愈大呢？其實如果各位以一般的速度來拜佛，比如一個鐘頭兩百拜，甚或是再慢些，兩個鐘頭兩百拜，但這兩個小時，你是真正很用心地拜，結果兩個小時下來，最後只拜了一百拜，但這兩個小時一百拜的功德，一點也不遜於一個鐘頭兩百拜的功德。可見，在行持方面，若以數字來評量，實在是太局限了。

我常常開玩笑說，很多人念佛，就跟買東西一樣，例如買茶壺，這一個一百塊，買一百個就一萬塊，另一個茶壺，則是一個一萬塊，同樣一萬塊，你是要一百塊的買一百個，還是一萬塊的買一個？我自己是要買一個一萬的，不過如果一口氣可以買到一百個那麼多，也是很開心啊！接著再試想，這一個一百塊的，如果十年後要賣的話，能賣多少錢呢？很可能它連一百塊都不值了；但那一個一萬的，很可能我隨便喊個三、五萬，都有一堆人搶著要，因為它會增值，至於一百塊便宜買的，就沒法兒增值了。所以這兩者，一個是質，一個是量，很多人念佛，只想著要量多，而不是要品質高，這一點是滿值得大家反思的，各位如果念佛，就要念一聲一萬的，而不要念一聲才一百的那種，舉這個例子雖然通俗，但大家一聽就很清楚了。所以各位用功，要往品質這一邊提昇，而不是從量下手，不斷追求多還要更多，往往追求量多的同時，品質就不好了，為什麼呢？因為追求量多，但時間卻沒有那麼多，那麼為了趕上既定的量，結果就是得快，一快，心就變得粗散又急躁；反之，如果在相同的時間裡，以同樣的精力，但我們是很專心、很用心地去做一件事，這樣用功的品質，便會和你很趕著去做大不相同。

好好禪修，佛土就不遠

禪法很重視修行的品質，所以《壇經》裡，六祖不斷提醒大家，修行要直接修到心裡去，並且要時時謹記我們的自性清淨。各位看《大智度論》也是如此，經典裡雖然要我們做許許多多的功課，但不論怎麼做，都要我們記得無自性，並不斷提醒我們「德」，也就是「直心」的心地工夫。

由此觀之，禪宗的頓悟法門，之所以在修行中被認為是最上根的修行法門，關鍵就在於它不論如何修行用功，都不忘回歸到最高的品質上。換言之，不論我們如何修行，或不論外在事相上怎麼用功，禪法都一定會回到自性清淨上。諸位在用功的過程中，勢必會面對許多事相上的問題，這個是逃不掉的，因為我們行菩薩道，就需要做很多菩薩的事業，包括各種度人、幫助人，以及布施等各種的功課，不論你做的是什麼樣的功課，都要時時回到「法」的中心，用無自性的這個心，來用功修行，而這正是中觀與《大智度論》的一種教學。禪法亦然，所以六祖在《壇經》中總是不斷地提醒大家，要回歸到自性清淨的中心思想上，他雖然提到了好幾種法門，也包括提到了功德，但不論怎麼修，總是萬法不離其宗。

現今的佛教，或是為了接引更多的信眾來捐錢，或是為了接引信眾來護持當義工，總是把「功德無量」掛在嘴上，信眾來了，做得好累，我們就鼓勵他這麼做功德很大喔！但究其實，信眾的布施不應該是為了累積功德，信眾來護持，這確實是有其功德，但我們接引信眾，不應該讓他們以為這僅僅是為了功德，而是要更進一步引導他們修心。所以來禪堂當義工最好，可以跟大家一起用功修行學禪法，至於從事其他服務的義工，我們也要設法把他們引進禪堂來修行，也因此，法鼓山舉辦了很多義工禪七、禪三，以這樣的方法接引義工，才能夠提昇他們的品質，而非一味的要義工做很多事，然後再跟他們說功德無量，這樣的鼓勵是不夠的，因為這無法幫助他們回到禪法的中心來。

綜上所述，禪宗的修行不論用的是何種方法，包括淨土法門也是一樣，六祖都會直接回到中心，也就是「自淨其心」上，如此，「心淨國土淨」，當下就是淨土。所以不論是十萬八千里也好，遙遠的十萬億佛土也罷，只要我們好好地禪修，佛土就不遠，它就在我們一念清淨的當下。雖然我們目前還無法做到時時刻刻都保持自性清淨，但在用功修行的時候，總是要懂得回到這個中心來，不斷地提醒自己：我們用功修行，就是以清淨心在修；換句話說，我們是依佛性而修行。所以禪宗是佛性宗，講的是佛心佛性、明心見性，明什麼？明佛心見佛性，明佛心見法性，明覺心見空性，不論以何種方法用功，終歸都要回到「自性清淨」這個中心上。如此我們便明白，何以當弟子提出淨土法門來詢問六祖，六祖僅以幾句話就交代完了，因為他只要把最中心的部分提出來即可；同樣的道理，不論面對任何複雜的事或理，我們也可依循這樣的觀念，時時回歸到佛法的中心，以此做為指導原則。

方位、時間都是假名施設

至於方才提到東方和西方的問題，我們也發現，中國文字很有意思，你說達摩祖師是西來還是東來？其實都對，因為西來就是從西而來，東來就是往東而來，所以中國字是很活的，不論是東來還是西來，都說得通。佛光山最初在美國興建的道場是「西來寺」，意指從東方到西方而來，故曰西來，但我們說達摩祖師來自於西方的印度，所以從西方到東方而來，也叫西來，可見，東西方其實是假名施設的方位。諸位可以試試，如果往西一直走，到最後又會回到東方來，因為地球是圓的，沒有哪一個點是它的中心，可供我們據此劃分東西；當然有人會說，地球一定要有一個明確的中心點，否則所有的方位就無法確立，所有的時間也都無法計算，也因此，人類為地球設了一條子午線，依此線劃分東西，過了這條線的東邊，時間就多了一天。這些時空的確立，其實是依於相對性所建立起來的，我們說子午線明定了時間的計算方法，但實際上，地球並沒有劃上一條線，說這邊是六月二十日，那邊是六月二十一日，各位假如雙腳各跨在子午線的兩邊，你說，你所處的時間，應該是幾月幾號呢？

這就是為什麼在《百法明門論》裡，要把這些方位、時間等名相，歸為不相應行法，因為這些都是人施設出來的。它們有用嗎？現實生活中是有用的；但我們不應對它們執著，認為非如此不可。它們都不是絕對，而是相對的，而所有相對都是因為彼此相依，才有各種現象的顯現，使我們的生活得以正常運作。可是有些人，卻把這些相對視作絕對，一旦變得絕對，人就會開始靠邊站，愈靠邊，與另一邊的相對程度就變得愈大、愈強，這種心態若是發生在修行上，就會感到修行有很多障礙。

因此，各位要懂得相對。從各種現象來看世間的相對，與其所顯現的因緣，我們要明白這些現象自有它運作的方式，了解了之後，我們就隨順這些因緣，但在隨順的同時，一定要回到自己的心，以及無自性的知見；換句話說，隨順因緣事相的同時，我們還要依循理性，以無自性的知見，解開我們內心對現象的各種執著。同理，正見有善有惡，當我們有無常、無我的觀念，同時也把握了空與無自性的知見，我們就會知道，正見也是相對的，如此，我們就能超越它，並從善惡的相對裡得到解脫。

禪法的修行也是如此。我們說禪法是利根的修行，正是因為六祖與禪宗祖師們總是不斷提醒大家，要回到最根本的心，即自性清淨的心。中觀學派的《大智度論》亦然，經中不斷提醒我們，修行要回到空（自）性見上，如此不論我們修的是何種法門，都能夠在整個過程中，很用心、攝心地修行，做好我們該做的，同時不被過程中所謂的功德、福報等現象給框限、束縛住。要知道人一旦被綁住了，就會覺得不自在，學佛也是如此，所以修行的每個階段，都要不斷回到最中心的知見上，以這樣的方式用功，就能化解我們內心的各種負面情緒。

負面的情緒一定是纏縛的，所以煩惱也叫「纏」，糾纏不清的纏。之所以會有這些束縛、纏縛，乃因為我們有所執著，有所相對，它們會成為一種雜染。修行正是要超越這些相對與執著，既然要超越，就一定要回到根本上來，所以所有的修行，所有的法門，在運作時都要回到這個根本上。因此，各位用功時，如果工夫不得力，沒關係，只要回到一念清淨，不要被自己身體的各種外相，或是內在的各種負面情緒所干擾，因為你知道，雖然自己現在工夫不得力，但你的心是自性清淨的，有這一念覺的提醒，你便明瞭，所有的煩惱都不是問題，而當下遭遇的問題只是因為此刻還有迷，尚未覺悟，而即使現在還沒有真正的覺悟，但你還是可以回到一念清淨，得到當下的一念覺。

以這樣的方法修行，自然會引發人最內在、最根本的品質提昇，因為它是真正回到我們的內心來修，而這正是禪宗的最大特色。觀諸整部《壇經》，我們常常可以獲得這樣的啟示，惠能大師在經中提到各種法門的運作，從最淺到最深，甚至包括最一般、最世俗與最普遍的法門的運作，他都不忘做此提醒。如此我們便明白，用功修行時，有這樣的一個知見來幫助我們，就能化解諸多內心的煩惱，以及修行過程中出現的各種障礙，因為它讓我們知道，所有的障礙與雜染，都是在我們迷與不覺的狀態裡所造作出來的，造作後的因緣果報，我們本該面對，而同時我們又知道，我們的心是清淨的，只要能夠一念覺，這些雜染就不會再干擾我們，現在還受它的干擾，是因為我們還沒有覺悟，但我們已經具備「修行要回到最中心」的知見了，所以用功時，我們只要時時不忘提起這個正念，如此，即使問題發生了，我們也不會視它為障礙。

修行如此，現實生活亦然。當出現各種問題的時候，我們也要提醒自己，回到自性清淨的正念上，如此便能化解許多不必要的煩惱；一旦煩惱化解了，諸位就會發現，其實修行並沒有我們想像的那麼困難，現實生活也沒有我們想像的那麼苦，因為很多苦是我們自己製造出來的，我們把它們變成相對，並與之對抗，而只要回到清淨的中心上，這些就能全部化解掉。若能以這樣的智慧修行、過生活，人生便能時時處處皆美好。

〈第十二講〉

禪的傳承：曹溪山水

不同宗派間，在理與事上側重的重點各有不同，
不過從理來看，大部分還是比較偏向如來藏的系統；
至於修行，則回到了中觀，強調空、無；
但為了說明自性是清淨的，所以又要從唯識切入，
講轉迷為悟，從一念迷到一念覺，
即是一個轉化的過程，把中國佛教三大系統通通涵攝了。

《壇經》有好幾個版本，專門研究的學者亦多，研究內容包括在敦煌發現的一些版本，另外還有一些在日本寺院發現的抄本，以及後來敦煌博物館找到的更早期的抄本……。總之，針對《壇經》版本所做的研究頗豐，尤其是最普及的那些版本，研究者更眾。至於我們這幾天講述的內容，引用的則是印順導師的精校本，日前我們也提到，印老在處理敦煌本之時，發現敦煌本雖為現存最古老的版本，但並非是最早的版本，最早的版本，應是曹溪的原本，而在這個版本裡，有一部分屬於神會系統，即「《壇經》傳宗」，何名傳宗？因為神會特別強調，要用《壇經》來傳宗接代，也就是以《壇經》來做為傳承的信物。

我們知道，六祖接下的是五祖的衣缽，至於五祖的衣缽，是否傳自於四祖？四祖是否傳自於三祖？……，乃至於達摩初祖是否傳自於他的師父？一直往上追溯到迦葉尊者，傳說佛陀把衣缽傳給了他，真實的情形是否如此呢？其實已難以考證，或許並非如此；但傳說提供了另外一種說法：話說迦葉尊者領了佛陀的衣缽後，去了雞足山。雞足山有兩個，分別在雲南和印度，聖嚴師父去過了雞足山，我也去過。雞足山有一面牆，迦葉尊者帶著佛陀的衣缽，來到此處閉關、入定，為什麼要帶著佛陀的衣缽呢？為了等待彌勒菩薩當來下生、成佛之時，將衣缽傳給他。其實關於這類的傳說還不止於此，它們都是些很美麗的傳說。

禪宗重視法的傳承

但究其實，即便真的是迦葉尊者領了釋迦牟尼佛的法，但其實世尊的傳法可多了；不過由於禪宗特別重視傳承，所以包括《壇經》在內的許多禪宗經典，如《碧巖錄》等，其中所述的法，都是強調一代一代地講，一代一代地傳。早先印度傳承的祖師們，有些有名字，有些沒名字，而留名的祖師們，彼此間的時間，有的還是交錯的，這麼傳了三十多代，方才傳到了達摩祖師，而後東傳中土。

一般人所謂的「代代相傳」、「傳宗接代」，大抵是以時間計算，比如過去是以二十年為一代，不過現代呢，大概三十年甚至是五十年才算一代，因為現在的年輕人，普遍三、四十歲才結婚，傳宗的話，可能還要拖更久；以前一個老人家活了一百歲，大概家族可以繁衍上五、六代，現在活一百歲，大概只有兩代而已，二十歲為一代的光景，可能只有在鄉村才看得到。這是以人類正常的生育過程，推算代與代的時間，但祖師的傳承則不同於此，因為老師和學生之間，可能相差沒幾歲，說不定學生比老師還老，所以祖師的傳承很難算啊！

但我們看《傳燈錄》，甚至包括天台宗，即使不好算，或只能算出個大概，但大家都認為，代代相傳的傳承是一定要有的。之所以有這樣的觀念，緣於中國人對歷史的重視，也因此特重傳承。例如我們說聖嚴師父是臨濟宗五十七代、曹洞宗五十代，但其實臨濟宗還有好多分支，有一些分支，傳承代數較多，也有些傳承代數較少。

這就如同世俗家庭，有些在家居士生育的時間很長，因為從前的人，生孩子是愈多愈好，所以長子和么兒的年紀，可能差上了一代不只，這情形在過往很常見，也因此，可能這個長子已經有了長子、長孫，代代地傳承下去了，而這個么兒卻連一代都還沒傳下去，如此一來，長子這一脈傳承的代數，可能就比么兒多了許多。以此為例，禪宗各法脈傳承的情形，亦與此類似。

漢傳佛法之所以特重傳承，是因為如此法脈方能延續，換言之，延續的重要性，正在於世世相承；但也有例外，因為有些人是無師自通，沒有老師，他們的修行依然有成就。佛亦說過，沒有佛的時代，還是有人可以證到辟支佛，即獨覺；換句話說，他自己本身可以開悟。開悟的辟支佛，見到的是十二支緣起，佛見到的也是十二支緣起，不同於獨覺的是，佛後來開始度眾生，所以他是自覺覺他、覺行圓滿，也因此稱之為佛。這當中也有佛法的傳承，正與中國人重視傳承的觀念相契合。

不過，在印度，傳承的觀念並不明顯，他們所謂的傳承，主要還是靠僧團的整體運作，僧團中，可能有些人比較傑出，譬如有些論師寫了論典，並流傳了下來，他們的名字就獲得了記錄；但也不是每位論師的歷史，都被清楚地記錄在印度的典籍上，反而是佛教傳到中國後，由於中國人對歷史的重視，才讓一些論師的歷史被清楚地記錄、存續下來。

大抵說來，對於印度論師的生存年代，我們多抱持懷疑態度，例如龍樹菩薩，他究竟是什麼時候的人，基本上只能說個大概，而不像中國，祖師們的年代，多較為明確，乃至於存歿的年份，大致上都滿準確的。所以研究孔子的人，比較容易明確標註出孔子的出生年代，不過若是研究釋迦牟尼佛，要標註出這個年份，可就困難多了，由此也呈現出中國與印度的文化差異。

基於中國人對於傳承的重視，所以《壇經》本身也需要有一個傳承，因此經中先從印度歷代祖師述起，再講到初祖以迄六祖，每一代都留下了一個偈頌，甚至後期的版本，則是從釋迦牟尼佛開始，每一代祖師都有一個偈頌，很有意思。說到傳法的偈頌，我們知道六祖也有好多的偈頌，除了在《壇經》正文中所講到的，另外後面由印順導師編輯的附錄部分，收錄了六祖與重要弟子互動的四、五則公案，其中就有所謂的六祖門下十大弟子；不過後來禪宗的傳承，接續這個法統的，卻並非《壇經》裡提及的弟子們。

神秀與惠能，誰是正統傳承者？

《壇經》中論及的弟子，其中較重要者，一是記錄下《壇經》的法海，另一是神會。神會的重要性，在於當時五祖傳下的法脈有兩支，也就是我們常說的「南頓北漸」，當時北方的禪師位居京城，而六祖的同門師兄神秀，更是身兼武則天與中宗、睿宗老師的兩京法王、三帝國師，可見其影響力之大，所以很多人認為，神秀才是承續五祖法統的六祖；但又隱約知道，五祖還密傳了衣缽，給了一個南方名叫惠能的人，所以關於法統的問題，在當時頗有爭議。我們現在稱為《六祖壇經》這部經典，若還原到當時，是否就直接稱為「六祖」呢？很難說。再者，傳說五祖以衣缽為信物，傳給了六祖，後世對此有很多的討論，究竟這個衣缽是怎麼傳的？後來這個衣缽又到了哪兒？有一說是傳到了京城，也有一說是六祖遵照五祖的付囑，衣缽不再續傳，總之眾說紛紜，莫衷一是。

至於六祖之所以成為六祖，並獲得後世普遍的認同，是由於後期的禪宗，以《壇經》為宗經，所以我們讀到當中所述的六祖生平，便覺得理所當然是由惠能大師接續五祖的正統，不過實際上，當時對此是很有爭議的，也因此，神會才要去京城，爭取他的師父惠能大師的法統。一開始的過程是很辛苦的，因為神會沒有什麼背景，而他所要面對的，又是當時在朝、擁有極大勢力的神秀一系。

其實以神秀本身的修養，他並不會想去爭取什麼，在一些紀錄中亦有提到，武則天曾請神秀說法，神秀則回道：「我的老師傳法給了南方的惠能，他是更優秀的。」只是當時以神秀在京的聲望，才讓人們普遍認為他是六祖，也導致神會的赴京爭取。而後唐朝經歷了一段動亂的時期，這給了神會一個機會，藉著政治的力量，獲得了認可。所以他被認為是七祖，如此一來，惠能理所當然就是六祖了，當時就這麼定下來了；但是後來，又有許多人覺得，神會還不能當七祖，因為六祖門下還有很多傑出的弟子，神會只是其中不算最優秀的一個，只是他跳出來爭取這個正統罷了。

可能有人會說：「都已是出家人了，還爭取這些做什麼呢？」但有時這是不得已的。人，做為一介凡夫，有時就是得面臨這樣一種狀況：「即使你不想，可是你身邊的人要，那麼你就不得不然。」用政治人物做例子最貼切了，還好我們這兒沒有政治人物，有時真覺得他們滿辛苦，想退還不能退，為什麼？因為他們下面一批依靠他的部下，以及那些把他撐起來的人，當然都希望他能登上最高的位子，如此他們就能分到一些政治上的利益；假如他退下來，這一切就都化為烏有，所以無論如何，都不能讓他退，因為他一退，大家都完了，他可以不管事，甚至被架空，但就是得把他給撐出來，政治人物還真是辛苦。

其實不只政治上如此，我們每個人都可能面臨類似的問題。因為處在凡夫的世間，身在某些集團之內，其中的進退，有時真的是身不由己，因為你可能牽涉到太多人的利益，因而衍生出很多的問題。諸位都知道，六祖接了衣鉢後，就要離開僧團了，離開前，五祖告訴他，不要馬上出來弘法，所以後期的經典說到，他躲在獵人隊裡十餘年，還有些版本說是躲了三年、五年，各有不同的說法，但都是要表達沒有靠山的惠能大師，當時所處的險境，因為當時可能有人覺得，六祖影響到了他們的利益，而那些要爭取利益的人，一旦急起來，什麼手法都可能會出現。其實早在達摩祖師、慧可大師之時，聽說他們便好幾次被人下了毒手，甚至是龍樹菩薩，與他的門下高足提婆菩薩，也都避免不了這個問題。龍樹菩薩是因為佛教部派間的紛爭，而在一位小乘法師的重重逼迫下，自行坐化的，至於他的弟子提婆菩薩，則是遭外道刺殺。這個外道因其師敗於提婆，所以立誓道：「你以口才勝了我們，我必要以刀劍勝你。」此後便一直身懷利劍，追隨提婆菩薩左右，伺機行刺。聽說提婆菩薩被刺後，還要那個刺殺他的人趕快走，不然等會兒他的弟子來了，就跑不掉了，臨死前還是很慈悲。可見這些事情，即使是在教界裡，亦所在多有。

由此可知，當世俗種種錯縱複雜的利益交雜在一起時，很多人就忘記了自己的初衷。再以政治為例，像甘地這麼好的人，最後竟是被自己的親信暗殺，為什麼呢？因為這名親信認為甘地對巴基斯坦的穆斯林讓步太多，損害了他們印度教徒本身的利益，於是把他給殺了。像這一類的世間法，若是沒有以佛法的慈悲與智慧來體悟，其中就會有太多的是是非非，而這樣的情形，就連佛教本身也避免不了。所以《壇經》裡也附加了不少關於此類的故事和交代，例如宗寶本裡就提到，六祖的肉身不壞，並且預言什麼時候會有人要來砍他的頭，所以要用鐵皮包裹保護好他的頸項……。哎呀！好多這類的故事，我們看看、聽聽就好，不要起煩惱，因為我們要學的不是這些，而是法。

由僧團擔負起法的傳承

說到了法，法是比較偏理的，什麼樣的理呢？內心的淨化。不過，若說到事相上的修行，即便我們用的是正道的方法來修，還是會遇到很多的問題與煩惱，其中最大的問題，即在於事和理無法交融。當我們修行修得很辛苦，例如打坐坐得很煩惱，快坐不下去了，此時什麼無常、無我的道理，都不見了，那時老師講解得再好都沒用，反而讓你覺得：「老師你就只會講，不然你自己坐坐看好了。」還有的人是動不動就覺得自己開悟了，要找老師印證，可是老師都不印證他，他就認為是這個老師沒有修行、沒有開悟，因此就起了煩惱。

所謂事修，必須是以具體的行動表現出來，也因此，它可能會牽涉到很具體的利益。譬如說，有的人會希望他的老師給他摩個頂、授個記，如此他就能藉這個名堂，到處向人宣揚，他是受過師父摩頂、授記的，藉著師父的德行，他就能從中得到一些好處，這樣的心態是很世俗的；若是超越世俗來看，為什麼要得到師父的摩頂、授記？為的是我們要將佛法傳承下來，所以佛陀說，他的法身慧命，交由僧團傳承。

僧團做為一個清淨的團體，但僧團也必須透過制度、規矩來運作，才能達到清淨、和合、安樂。因此，這些規矩、制度是很重要的。時至今日，僧團累積下來的戒律非常地多，有些已是不合時宜了，這是由於佛陀制定戒律之時，乃是為了適應當時的社會條件與生活方式，尤其是一些小小戒，若我們現在逐條來看，很多都不符合現今生活所需，可是為什麼還要保留它們呢？其實這個疑問，早在佛陀時代就被討論過了。佛涅槃後，弟子們結集經典，首先是由「守戒第一」的優波離尊者，將佛制定的戒律誦出，再由迦葉尊者提問制戒因緣，兩人合誦結集為律藏。優波離尊者既為「守戒第一」，自然每一條戒都守得好，迦葉尊者對於戒律的態度，和優波離尊者相近，也是非常保守的；不過阿難尊者呢，他的態度就比較開放了，在結集律藏之時，他當眾宣布了佛陀遺命：「阿難！自今日始。聽諸比丘捨小小戒。」佛陀說小小戒可捨，但問題是，什麼是小小戒呢？迦葉尊者提問阿難，但阿難說他忘了問佛陀了！因為阿難尊者身為佛陀的侍者，在佛陀病重之時，他相當地難過，照顧佛陀都來不及了，哪有心思問這麼小的問題，可這個小問題，此時成了大問題了！最後迦葉尊者做出了「佛所不制不應妄制，若已制不得有違」的結論，意即，凡佛陀定下的，都不可以減少，沒有制定的，也不可增加。當然這是一個原則而已，後來的戒律，還是有增減的。

戒律，讓正法久住

從漢傳佛教保存下來的律典，可大致了解包括大眾部、上座部在內等不同派系的戒律。其中，大眾部的律典，其組織較不嚴密，亦較為簡單，這可能是比較早期的版本。後來的一些宗派，對戒律的要求趨於嚴格，尤其是上座部，有些甚至自稱是「根本上座部」，他們對於戒律的要求就相當嚴格了，他們將佛制的戒律重新適當地組織過，並保留每條戒律的原貌。後來大家對於戒律的態度，漸漸地趨於一致，即使小小戒，也不要改動，藉此保留戒律原貌。這對於戒律的傳承，起著相當重要的穩定作用。設想如果我們認為小小戒可捨，那麼在捨小小戒的當下，我們就很有可能失去佛陀當初制戒的原則。所以一旦定下了制度，寧可人遷就制度，千萬不要是制度遷就人。

相對於戒，法的弘揚就會遷就到不同眾生的層次，因此有種種的方便與調整；但戒律是一種制度，所以它不能變動，因為一旦其中一條戒有了變動，就表示其他的也都可以變動，如此一來，這個制度就可能崩潰了。這也是何以一個國家的憲法最為重要，憲法可以非常地簡單，但它做為一個原則，做為其他法律立法的準繩，所以它是不能變動的，如果變動的話，那大概就是改朝換代了。

佛教到現在，還是要我們受許多的戒，即使發現有些戒在現實生活中是無法做到的，但還是要保留下來，誦戒的時候還是要誦它們，這就是告訴我們，戒是原則，一定要保持，所以所有的條文，都不能改變。只要大家都堅守這樣的原則，讓戒律保持其最原初的型態，如此，佛教就能很穩固地傳承下去。

佛教傳入中國後，即使發生了很大的變化，但最根本的還是要受戒，要遵守規矩。雖然受了戒回到叢林後，有些戒根本用不上，但守戒的原則一定要保持。同樣地，藏傳佛教格魯派的創始人宗喀巴大師，他也是發現當時藏傳佛教有幾個派系，對於戒律的態度太鬆散，尤其有一些修法，甚至違背了戒律，有鑑於此，所以他堅持一定要守戒，傳承格魯派的喇嘛們，一定要是出家人，由於他對戒的重視和堅持，漸漸地，格魯派獲得愈來愈多人的護持，最後還成為西藏政教合一的領導者，所以宗喀巴大師靠的就是戒律，來保持僧團與教派的傳承，這點是我們在學習過程中要了解的。

叢林必須依靠規約維持

雖然有不少戒律在現今無法做到，但我們還是讓它完整保留下來，這會產生一個作用，即對於所有的戒，凡我們能夠做到的，就盡量地做好它。正是緣於這樣的態度，所以佛教走入現代，還能夠繼續地保持，讓佛陀的法身慧命，能夠很穩固地不斷傳承下去。

中國佛教的叢林制度，有很多重要的原則要遵守，百丈禪師便是融合了佛教的根本戒律、大乘菩薩道的戒律，以及中國傳統所重視的倫理，制定出百丈清規，做為叢林共同遵守的制度。一旦有了制度，就要讓這個制度傳承，所以儘管時代更迭，容有不同的宗派出現，但這些基本的原則、戒律與制度，一定要保持，不能隨意改動，一旦隨意改動其中任何一條規矩，其他的也就可以改動，如此規矩就面目全非了。所以，寧願讓制度在不能改動的前提下，從其他方面做適當地調整，但制度本身無論如何都要把握好，而不要讓制度遷就當下的因緣，改變了一點，接著就會改變更多，最後就會連制度的中心也被改變了，如此一來，我們就算想要遵守制度，也守不下去，所以中心是非常重要的。我們做為僧團這樣一個大組織、大機構的一份子，在各個環節上，一定要把握好這個原則，才能讓僧團很好地運作，讓佛教的傳承能夠不斷地延續下去。

所以佛陀說，他的法身慧命寄託在僧團，僧團的成員也知道，這個責任太重要了。要保持僧團的長久與恆常性的運作，而不改變佛教的宗旨，制度就必須堅守，也正是如此，我們才得以在現代，還學習得到佛法。不過，中國佛教本身，也出現了一些問題，而問題的癥結，主要就在於改變了制度。所以太虛大師才會倡議改革，甚至連教制都要做適當地變革，當然我們知道，太虛大師後來沒有成功，因為這當中實在有太多困難，不過也因為這樣的因緣，才讓中國叢林制度的傳統慢慢地恢復，一旦接上了傳統，傳承就能續存，如此，佛法又能繼續傳下去。總的說來，中國佛教是通過早期的傳承，建立起制度，並透過對制度的持守，而讓佛教傳續至今，由此可見傳承的重要。

六祖之後的傳承者

至於在禪宗的傳承上，六祖可說是一位關鍵人物。方才提到，六祖在世時，禪法的傳承誰最有代表性，這點是頗具爭議的，因為當時六祖主要是在南方廣東一帶傳法，他的影響力相對於北方神秀一系，並不是很大，但隨著時間推移，當時一些很重要的人物，慢慢地就在禪宗的歷史裡，退出了舞台，包括去爭了一個七祖來當的神會禪師，也漸漸被人們遺忘，直到近代從敦煌的資料中，找到了「《壇經》傳宗」，這才讓他的重要性重新被提出。當然這部分屬於歷史，歷史可以還原，從中讓我們看到當時的情形，了解何以當時眾人要汲汲於爭取正統的位置，但究其實，六祖和神秀一樣，有要跟人家爭什麼嗎？沒有，爭的都是他們身邊的人。

綜觀《壇經》中提到的幾位重要弟子，包括法海與神會，他們在經中扮演了一些角色，並和六祖互動；但《壇經》之外的其他禪宗典籍，幾乎沒有再談到這些人，反而是《壇經》裡沒有記錄到的兩人，可能他們是最早或最晚親近六祖，或是他們離開得較早，所以沒有被收錄在《壇經》裡，成為後來禪宗的重要人物，這兩人就是懷讓與行思，後來禪宗最主要的五個宗派，就是從他們傳下來的。懷讓一支，法脈傳承依序為南嶽懷讓、馬祖道一、百丈懷海，百丈再分別傳予溈山靈祐與黃蘗希運，兩人的門下，分別創立了溈仰與臨濟二宗；青原行思一支，下傳石頭希遷，希遷的再傳弟子，則創立了曹洞、法眼與雲門三宗。

從這樣的法脈傳承，可見懷讓與行思的重要性，可是《壇經》對他們隻字未提，反倒是在《傳燈錄》等禪宗歷史的紀錄中，知道他們跟六祖是有互動的。此外，還有一位重要人物，在《壇經》的早期版本中亦未提及，此人即是永嘉禪師；不過，在後來的普及本裡，就有提到永嘉前來見六祖，後來留宿了一宿，此即著名的「一宿覺」。懷讓、行思與永嘉都是禪宗的重要人物，可以說，禪宗後來傳承的開枝散葉，皆肇始於此，而六祖在《壇經》內揭櫫的思想，則為禪宗最重要的思想中心。

六祖所傳承的修行體系

六祖在修行的體悟上，真的是很深，於此同時，他又能以當時中國佛教業已建設完成的思想體系為基礎，將之化繁為簡，並更進一步往上提昇。所以他的思想，融合了大乘佛教三個系統，講自性清淨，是從如來藏系統切入，也就是從真如的角度，探討自性；再者，他也告訴我們，要轉迷為悟。迷的時候就像唯識所現的一切，皆是迷惑、雜染的，但只要一念清淨，就能轉識成智、轉迷為悟，換言之，只要轉第八識為大圓鏡智，當體即是清淨自性；但這個過程要怎麼轉呢？那就要空掉一切，這就又回到中觀的思想了。中觀在修行的方法上，特別強調般若，所以六祖也援引了不少般若系統的經典。

總之，六祖將中國佛教如此複雜的事相，通過他個人的修行體證，將之融通、化繁為簡，所以他的開悟，在我們看來，會覺得好像是滿容易的，也因此，大家都認為他是一位修行、開悟的天才，如果我們也能這樣該多好呀！但偏偏六祖如此精鍊的思想，我們在實際修行時，工夫卻往往不到家、用不上，這也是為什麼六祖之下，後來的禪宗傳承，會產生不同的宗派，因為不同宗派間，在理與事上側重的重點各有不同，不過從理來看，大部分還是比較偏向如來藏的系統；至於修行，則回到了中觀，強調空、無；但為了說明自性是清淨的，所以又要從唯識切入，講轉迷為悟，從一念迷到一念覺，即是一個轉化的過程，所以各位看，是不是又把中國佛教三大系統通通涵攝了。

說到禪宗的教派，之所以出現，其實和老師的風格很有關係。因為禪宗比較偏向大乘佛教的思想，而大乘佛教特別強調「一行三昧」，也就是《維摩經》所云的「直心是道場」，也因此，包括般若系統在內，凡講中觀的經典，藝術性都比較強烈，講中觀的祖師們，性情也都比較浪漫，像龍樹菩薩就很浪漫，關於這點，各位從傳記中一窺他的生活，即可獲得印證。他的弟子提婆菩薩也是如此，他雖然到處去破別人的法，可是就性情看，他也是個大開大闔的人。除了這對師徒，學中觀、講般若的祖師，還有一位很有名，就是鳩摩羅什。

羅什大師翻譯的經典，手法就和玄奘大師很不一樣，羅什大師的翻譯，屬於中國文學式，也就是將主要義理把握後，再通過意譯的手法，以適當的文字表達出來；至於玄奘大師，則屬於直譯，也就是要盡量照著原典來翻譯，所以他的譯本，當中很多的文法，讀起來不像中文本身在應用上那麼地活潑，也因此，雖然他翻譯了很多經典，但我們大概都只念他翻譯的《心經》而已，其他大部分經典，包括《金剛經》在內，用的多是羅什大師的譯本，因為當中的文法與呈現的中國文學特色，是我們比較熟悉與習慣的。

從龍樹、提婆到羅什大師，感覺他們好像比較開放、開明，但其實他們反映的，是中國人一種「道法自然」的個性。這種個性的人，學東西的時候，可能什麼都學，並且都學得很熟悉，接著再把這些所學融會貫通，然後他就可以大鳴大放、充分發揮自己的創意。緣於中國人的這種個性，再和禪宗的思想、修行結合，便能開拓出很大的揮灑空間，也因此造就了獨具一格的中國佛教文學與藝術。

綜上所述，中國禪師在修行上，大多採取大乘佛教的態度，尤其是般若中觀派所闡釋的「即煩惱即菩提」。所以煩惱與菩提，是分不開的，只要一念清淨，煩惱就是菩提；同理，一念迷，佛就是眾生，一念覺悟，眾生就是佛。

先前說過，佛說法，他是無自性的，所以他不管怎麼說，一定都符合緣起的法則。同樣地，開悟的禪師，依清淨心說法，所以是直心流露的，不論他採取什麼樣的方式說法，必然都符合因緣，也符合清淨，此即大乘佛教所謂的「三昧」。

大乘佛教的三昧，與傳統的入深禪定，最大的相異之處，在於三昧是非常活潑的。所謂三昧，就是一種統一境、心一境性，即心安住於一境而不散亂，而後隨順因緣、無住生心，不停留在任何一個點上，這樣的心，更能充分發揮它本具的智慧。所以很多禪師，開悟了之後，並沒有把他的煩惱，以及過往累積的習氣改掉，而是轉化它，「即煩惱即菩提」，所以一念清淨，原本個性中的習氣、煩惱，就能轉化為清淨、菩提，以及一種度生的方法，此即所謂：「般若將入畢竟空，絕諸戲論；方便將出畢竟空，嚴土熟生。」空了，方便出畢竟空，此時只要能幫助到眾生，什麼方法都可以用。

禪師在度眾生的時候，有各種各樣的方便，甚至包括不惜自己的生命，這些方便，有的發揮的是他們個性中的長處，有的呈現的是他們煩惱的性格，還有的是顯現出他們剛烈的個性。所以有的禪師會很猛厲的棒喝，有的禪師則是柔得不得了，從這些方便中，我們看到了禪師們本身的性格，煩惱菩提，菩提煩惱，兩者是沒有分別的，但凡一念清淨、覺悟之時，所有的煩惱即化為菩提。諸位亦然，你們的各種煩惱習氣，也是可以轉化為度眾生的一種風格。

六祖之後的一花開五葉

綜觀六祖之後，禪宗分立的各個宗派，所反映的，其實就是各宗禪師的風格。但我們也發現，即使臨濟義玄禪師是以「喝」聞名，也就是大聲地喊，喊到把人嚇到，但也不是每個臨濟宗的學人皆如此，如果每個學生都學他那樣的喝，又不對了，因為從老師那兒得到的受用，不代表非得照著老師一樣的作法。此外，我們也知道，禪師之間都是互相了解的，所以像懷讓之所以會去找六祖，其實是別人引介的。他原本在北方，求教於嵩山慧安和尚，而後經和尚指點，懷讓方才前往曹溪，親近惠能大師。永嘉大師也是如此，他雖對佛法深有體悟，卻未找到大善知識為他印證，他本想請六祖門下弟子玄策禪師為他做證明，但玄策禪師告訴他：「你找我的師父吧，他是真的有修行。」後來永嘉禪師便與玄策禪師一同前往曹溪，參謁了惠能大師。

可見，這些修行有成就的禪師們，彼此間會互相推崇，並介紹弟子給對方。像臨濟禪師也是如此，他先是在黃蘗禪師門下，後來被趕到大愚和尚門下，在其座下大徹大悟後，又被趕回了黃檗禪師門下，這麼來來回回好幾次。

從這樣的過程中，我們看到禪門的方法，是非常活潑的，禪師們都是窮盡各種的方便，來度眾生，這也讓人感覺他們是比較浪漫、開放的；不過這樣的特色，既是優勢，也是缺點，因為當各宗後繼的弟子，能力無法企及老師的程度，他所做的就會有問題。中國禪宗後期的衰微，正肇因於此。你看古人棒呀喝的，整天用香板，所以你也要拚命地打，我寫的〈香板頌〉有提到這一點哦！打到大家起煩惱，打到那個個子、力氣都比你大的學生，忍不住回打你，那時你就知道自己是個什麼程度了。

做為一名禪師，一定要有足夠的能力與程度；可是有的人，程度不夠，他的修行境界和方法運用的方便，遠遠不及他的老師，而他所表現的，只是對老師的複製與模仿，長此以往，各種問題就浮現了，使得大乘佛教從一開始的量變，逐漸成質變，到後來，整個就變質了。

禪風可變，戒律不可變

至於傳統佛教，強調嚴守戒律，所以不管為了弘揚佛法可以有多少的權巧方便，但戒律就是不能變。所以我們看印度佛教刻畫的「十六羅漢」像，不論雕刻者是誰，呈現的一定都是入四禪定以上的模樣；可來到了中國，十六羅漢就成了「十八羅漢」，而且不同的雕刻師，刻畫的一定是一人一個樣，都不相同，這就是禪宗的風格了。可以說，禪宗的風格，就是開放，所以每位羅漢都有自己的個性，並直接體現在他的日常生活、行為與度眾生的過程中；他們都是直心流露，不遮遮掩掩，所以表現出來的，就會是各異其趣的靈活與豐富。

整體來看，禪宗的祖師們，較偏向中觀般若，也就是講「空」的系統；但他們也和「有」相符合，有什麼呢？有很具體的「自性清淨」；此外，他們基於正見，對於現實中的善惡，有很嚴格的分別，所以「諸惡莫作，眾善奉行」，就是他們所定下的規矩。至於唯識，在修行上就是方方正正的，翻譯也是如此，所以學唯識的玄奘大師，翻譯時就會要求以嚴格的手法，絕對不能亂翻；較之中觀系統的羅什大師，翻譯風格則是大開大放，由此即呈現出兩大系統明顯的差異。

如前所述，禪宗在修行上，較偏向中觀，此外，還要加上中國道家「道法自然」

的影響，這點，從中國與日本茶道的差異即可見其端倪。日本茶道的學習是「習慣成自然」，也就是把每一個步驟、動作，分得非常細，然後把每個動作做上一千次、一萬次，做到非常熟悉，熟悉到把某樣茶具放在固定的地方，每一回放的位置都是分毫不差。日本茶道有明顯的流派之別，你屬於哪個流派，你就一定要完全按照那個流派的程序，一絲不苟，這就是日本人的「武士道」精神；相對於承襲武士道精神的日本茶道，中國茶道就沒什麼派別之分了，我們所謂的茶藝，大抵是一個茶坊一個派，各自彰顯中國人「道法自然」的精神。

「道法自然」的精神，也可說是「得意忘形」，得到了意象、意境，就忘了形相的東西。既然得意忘形了，那麼你在捕到魚後，漁網就可以丟掉了，因為你不一定要用這原本的漁網，別的工具也可以捕到魚。要知道你的目的是捕魚，漁網可以捕到魚，用釣的也可以，甚至當你技巧熟練了，不用工具直接下水抓也行。這就是中國道家「自然」的個性，禪法也有這種個性。我們看禪師們，修行都是非常地精進，一旦有了體驗後，「方便出畢竟空」，他們就能大開大放地發揮各種方法；但回頭看，開悟的禪師們在基本原則的把握上，其實還是很嚴格，此即孔子所云「從心所欲，不踰矩」，不該、不能超出的範圍，他們仍是謹守著。所以百丈禪師當初立清規，其中就包含了傳統的戒律，因為這是基本的原則，是不能破壞的；但開悟的禪師在顯現的方法上，由於是清淨本性的直心流露，是以無我的清淨心度眾生，所以當他面對不同的眾生，便會採取適應不同眾生根器的方法，有時方法乍看會讓我們感到不可思議，甚至違反了世間的道德準繩，但對他們而言，只要這個方法是他熟悉的、用得上的，而且當下就能度這個眾生，他們就會不惜採用這些手段，只要把這個眾生度了，就對了！

從《壇經》看禪宗的中心思想，就會發現，佛法的要義與內涵，都包含在其中了，所以我們能學禪，真的是很有福報因緣，正因為如此，我們在修學的過程中，對於一些必須堅持的原則，就一定要把握。例如用功修行時，一定要按規矩來運作，不能夠說：「哎呀！禪宗不是很活潑嗎？我們想怎麼做就怎麼做吧！」這可不行，禪堂還是有規矩的。至於在方法的運用上，我們要不斷地提醒自己：事相的修行，一定要用理來化解，即使表面上可以有各種不同的用功方法，但不論方法為何，都一定要能分別出善惡，然後在內心的工夫上，再超越善惡，如此就能以清淨的自性，化解內心的各種雜染、煩惱，幫助我們在用功修行時，不被外在的各種框框所束縛。所以，修行是理性與事相的雙向運作，一則提醒我們要守規矩，一則提供我們提昇、轉化的理論與方法，當兩者很好地結合、貫通，我們就能以正念的思維，應對修行過程中可能有的種種狀況。

綜觀《壇經》，雖然在理上著墨較多，不斷強調內心的清淨以及如何淨化，而實際的方法，並沒有太直接地提到，但我們透過各種因緣，還是學到了很多方法，所以在理修和事修上，藉著這幾天在禪堂的用功，我們就要好好地練習，讓兩者交會、貫通。理修上，包括祖師們傳記、語錄，以及《壇經》等經典的指導，我們都要學；事修上，藉著實際用功，體會禪所謂的統一性。現在我們的學習因緣皆已具足，接下來，就要回到諸位自身，好好地用功。

結語

慈悲是與樂、拔苦

禪期即將圓滿，慈悲的「慈」，與各位勉勵。這個字我很少寫，因為筆畫太多，寫起來比較慢；不過這一次講慈悲的部分比較少，所以寫這個字，讓大家帶回去，可以直接提醒大家，要記得發慈悲心！

慈悲心，就是要讓自己快樂，我們說「與樂拔苦」，「與樂」就是自己先是快樂的，如此，在你身邊、與你互動的人，才可能快樂。因此，我們要把快樂帶給別人，跟別人分享，而不要讓人覺得，只要遇到你就很苦惱。

我們說慈悲是「與樂、拔苦」，可是有的人卻是「與苦、拔樂」。這樣的人，有他在的地方，別人就沒有快樂，因為他把別人的快樂全部拔走，還一直帶給別人苦惱。我們跟人互動時，一定要很留意這點。我們要度眾生，可是眾生看到你都不快樂，這樣你是不可能度他的。另外，我們也發現，有些眾生常常犯錯，或者不太用功，你想提醒他精進，可是當你這麼做的時候，一不留意就會讓眾生很苦惱，因為你是以一種比較高的姿態壓住他，告訴他：「你該怎麼做，而且非如此做不可！」這就麻煩了，一定會讓眾生起煩惱，所以我們一定要懂得怎麼調。

每一回禪七圓滿，我都會告訴大家，過程中我自己都會獲得很多的受用；不過這次是打二十一天的七，天數那麼多，開示的內容，要如何講得更清楚、更完整，這在一開始還是讓我傷了點腦筋。其實我們這回的禪二十一，是在去年才決定舉辦的，而早在前年，我們就決定要在波蘭辦禪二十一，不過舉辦的時間是今年八月，所以就讓諸位搶先了；其實這樣也很好，因為在波蘭舉辦的禪二十一，我也是預計講《壇經》，而相對於在波蘭，我們在這兒講《壇經》，當然是更順理成章。

至於《壇經》該怎麼講呢？方法有很多，最直接的方法就是將《壇經》的經文印好，然後再來消文、導讀。這個方法，對聽和講的人來說，都比較容易，因為只要看著經文，再把文字消一消即可；不過這個方法，用在《壇經》上，就有些傷腦筋了，因為《壇經》是白話文，即使我們現在看來有一點古文的味道，但在成經的當時，採用的是白話文、很口語化的語言，所以幾乎是沒得好消了。我們說消文，那是因為經典太深，文字必須做相當多的解釋，所以才將經文先透過消文的方式貫通，再來導讀各段經文大意，接著再將這些釋義加以鋪張，把它可延伸、涵括的內容納入一併說明。一般講經都是用這樣的方式，比較簡單，時間亦可長可短，若消得快、導讀得快，可能幾堂課就講完了。

消化經文成為心靈養分

其實，一開始思忖著要如何把《壇經》講好，還是有一些的猶豫、煩惱，但繼之一想，不要緊的，講經可以用消文的方式，也就是借用外在的、很明確的經文來說明，但還有另一種方式，即我們自己將經文消化了，這些經文就會成為我們心靈的營養，如果我們本身有在用功，自然會消化得比較好。吃東西消化、吸收的是身體的營養；閱讀經典後消化、吸收，就會成為心靈的營養，我吸收多少，就會得到多少受用，而後再將它們很自然地發揮、表達出來，所以這次的講經，就決定採用這樣的方法。

不過，我們也不是一開始就講經，因為各位初進禪堂，還是要經歷一段調和、入靜的過程，至於這個前階段要講些什麼，我並沒有準備，每次上課都是隨順因緣，但是清楚知道要講的內容，一定是關於基礎的方法。不過，今年我想讓大家第一天就很快樂！我看諸位第一天來報到很快樂，心想這一定是個很快樂的禪修，而與快樂相對的就是苦，而我們為什麼會有苦呢？就從這邊切入與諸位分享。講著講著發現，若接下來要向諸位講《壇經》，就必須先把佛法的整體觀念做個說明，其中包括傳統的佛教根本義理，以及近代法師們，選擇以太虛大師、印順導師的教導為本，因為兩位的思想較符合我們的學習歷程，對佛法整體的判攝。所以從最基礎的世間法一路講下來，主要的目的，就是串連到大乘佛法的中心思想，即大乘佛教三大系統。

《壇經》的重要性，在於印度佛教東傳後，中國佛教建設起自身的體系，六祖則把這個龐雜的、涵融思想與行持的體系化繁為簡，通過自己的體悟，以《壇經》表達出來；再者，禪宗的思想源頭，正來自於《壇經》，當然禪宗還有其他的經典，不過即使禪宗後來開枝散葉，有著不同的發展，但論其源頭，一定都要回到《壇經》。此外，六祖本身也必須要有其源頭，所以他一定要回到大乘佛教，以佛陀為源頭，才能一個連貫著一個，乃至於進入我們所處的現代。所以，我們找到《壇經》的思想源頭，即大乘佛教，也就是佛陀的根本教法；我們也找到了禪宗思想源頭，就是《六祖壇經》，如此，佛教傳承的脈絡，就連貫起來了。

一念覺，一念淨

透過講解《壇經》，我們一起消化、吸收，過程中發現，一般普遍認為，《壇經》較偏向於如來藏系統，即唯心的思想，因為六祖不斷強調「自性清淨」；但究其實，六祖在經中談「空」的部分更多。從講有的「自性清淨」切入，我們可以將其視為六祖在說法上的一個方便，但若論六祖的中心思想，講更多的則是空，而且講得最直接的，也是中觀的思想。

另一方面，如來藏系統所說的「自性清淨」，說的是人一念不覺，而讓很多負面的情緒、雜染的東西加上去，修行就是要把這些東西清理掉，如此就能讓如來藏的功能恢復其功能；不過，六祖並不是這麼說的，六祖講「自性清淨」，是只要一念覺，自性清淨的功能就能夠發揮。相對於如來藏，強調修行是要清除掉雜染，六祖強調的則是一念覺時，心即清淨，當下便是即煩惱即菩提，所以，煩惱與菩提，並不是兩回事，它們是不二、非煩惱非菩提，換言之，我們所顯現出來的各種雜染，並不是什麼加上去的東西，我們當下就是自性清淨的，只是因為沒有覺，所以才變成了雜染，而迷與悟，清淨與雜染，只是一念的作用而已。

至於迷悟之間，要怎麼處理呢？這個就是唯識學修行的中心了，所謂轉迷為悟、轉識成智、轉染成淨……，都是一種轉化，落實在修行上，六祖強調的是一念，一念覺悟、心清淨了，當下便是。此時心所接觸的一切外境，都不是雜染的，而且我們也沒有清理掉任何的東西，因為所謂的雜染，只是由於心迷所致，一旦覺悟了，它就不是雜染了。

因此，六祖所謂的自性清淨，指的不僅是心清淨，而是一切法的自性皆清淨，所以說「即煩惱即菩提」，這點就和如來藏系統的說法不同了；不過後來的南方宗旨，又比較偏向如來藏，因為他們的修行是看境修空，也就是在心外再加上一個「境」來修。相較於此，六祖在《壇經》中則提出，所有的修行，端視那「一念悟」之有無，外在顯現出來的一切，是雜染還是清淨，就看各人內心的清淨與否。在佛陀的眼光中，不僅僅是開悟的眾生才成佛，而是一切眾生都是佛；反之，在我們的眼光裡，佛都變成了眾生，也因此，我們才把佛的雕像，刻成了現在看到的眾生相。

經典說佛有三十二相八十種好，我們就依此想像出佛的模樣，雕刻成像。不過，之前我們曾提到「皈依三身佛」：法身、化身、報身佛，法身佛是沒有形相的；報身佛只有菩薩看得到，只現於菩薩的心所顯現的心靈空間，所以他們見到的佛，就是這種相，而不同於我們的所見。我們所見的，是心想像出來的模樣；不過只要我們覺悟、自性清淨了，我們所見的一切也都是清淨的，到這個階段，「入畢竟空，滅諸戲論，出畢竟空」，什麼方法也都可以用了。因此，禪師們開悟後，他們原本的行為與習性，都能成為度眾生的方便，也就是達到《十牛圖》所描繪的「人牛俱忘」與「返本還源」的境界。

很多人讀到「返本還源」，會覺得它較偏向於道家思想，因為道家也有講到「返本還源」。不過我認為，其實在「人牛俱忘」階段，人就已證悟了空性，也就是已到達了源頭，萬法歸空了；可是為什麼還要再「返本還源」呢？這是為了從空再歸於萬法，而其所返還的那個「本」和「源」，已無關於人的本性，而是回到了事相上的本和源。什麼是事相上的本和源？就是我們的本分。比如說我們是出家人，在開悟後「返本還源」，返還的就是我們出家人的本分來，應該做什麼就做什麼；在家人也是如此，他從事什麼行業，就回到他的行業上盡本分，如果「返本還源」又回到了自己的本性上，那就表示，本性裡面還有一個本性，而我們看《十牛圖》畫的梅花與月亮，指的是已經空了的外在的事相，所以返還應該是返還到事相上，也就是回到我們的本分上，這樣子理解，我們才能明白，何以《十牛圖》是這麼畫的，也才能理解，《十牛圖》所要表達的，正是一念清淨的心。至此境界，一切顯現出來的，都是度眾生的方便，而無所謂雜染與清淨的分別。

迷悟存乎一念

分別存乎一念，分別在於迷悟，而我們修行為的就是要覺悟。如此理解，我們就會發現，《壇經》真的是太妙了！它把漢傳佛教三大體系的思想全部揉合，但又能抓緊佛法最中心的部分。六祖雖然不斷講「自性清淨」，讓人以為他偏向唯心的如來藏系統，可綜觀他闡釋的整個法義，他把唯識在修行上最主要的部分，即強調「轉化」的方法也加了進去，同時又不斷提醒我們，清淨與雜染是因著我們一念不覺，而產生了分別，但對於清淨的自性來說，兩者是沒有分別的，這又是中觀的「空」的思想。了解這點後，我們就能明白，何以後期的禪師，在開悟後，他們真的是「嚴土熟生」。「莊嚴淨土」就是建設叢林，而為了「成熟眾生」，他們便發揮各種方便的法門，乃至於能夠與音樂、文學、書畫等中國藝術結合，這些藝術形式之於他們，全都是度眾的方便。

至於傳統佛教則認為，五欲全都是煩惱；可是到了禪師身上，他們則將之視為度眾生的方便。所以染與淨的分別，不在其本身所顯現的外相上，而視乎我們的心，這樣的詮解方式，和如來藏系統就不太一樣了。把握了這點，我們就把握了禪的中心思想，接著就要將所學的方法與之結合。怎麼結合呢？我們一直強調所用的方法，是禪的方法，如果方法回不到禪的思想源頭，那還算是禪的方法嗎？不是了。所以不論方法用的是默照或話頭，都要回到《壇經》這個源頭，而《壇經》本身亦非憑空而有，而是以佛陀的教法為其源頭，所以從佛陀以迄《壇經》，將這些全部串連起來，就是我們這一次消化的整個歷程。

依循禪的法源用功實修

這回為講解《壇經》所寫的綱要，我是在開始講經後的兩、三天才寫好的，中間又把經典讀了一下。一開始下筆，是從《壇經》第三章開始寫起，這部分是正宗分，即最主要的法義，我一共寫了十段，包含禪的思想、禪的法門等。寫完了這十段，我在前後各加了一段，加在前面的，寫的是禪的祖師，即本書〈前言〉，也就是六祖生平的故事，這部分是《壇經》的第一、二章，即序分；加在後面的，寫的是禪的傳承，分別談到六祖身邊的幾名弟子，以及《壇經》是如何結集成經的，這部分參考的是印順導師附編的內容。因此，一共寫了十二段，整部《壇經》的綱要就完成了，在此簡單向各位做個介紹。

這次所講的《壇經》，做了綜合性的綱要介紹，諸位回去後，可以拿著綱要，與原典對參，再把當中一些重要的句子背起來，這對大家在日後的用功上，會很有幫助。

總而言之，修行一定要有一個很紮實、很清晰、很深刻的中心思想，如此，修行才能夠扎下極其穩固的根基。這麼多年來，我們一直在尋找的這個源頭，如今我們找到了，如此就能在修行的道路上，方向清楚、目標明確地走下去。

（二〇一五年六月四日至二十五日法鼓山僧眾禪二十一開示，講於法鼓山園區禪堂）

智慧人 29

壇經講記

Retreat Talks on the *Platform Sutra of the Sixth Patriarch*

著者	釋繼程
出版	法鼓文化
總監	釋果賢
總編輯	陳重光
編輯	張晴、李金瑛
封面設計	化外設計
內頁美編	小工
地址	臺北市北投區公館路186號5樓
電話	(02)2893-4646
傳真	(02)2896-0731
網址	http://www.ddc.com.tw
E-mail	market@ddc.com.tw
讀者服務專線	(02)2896-1600
初版一刷	2017年4月
初版三刷	2022年4月
建議售價	新臺幣360元
郵撥帳號	50013371
戶名	財團法人法鼓山文教基金會—法鼓文化
北美經銷處	紐約東初禪寺
	Chan Meditation Center (New York, USA)
	Tel: (718)592-6593 E-mail:chancenter@gmail.com

法鼓文化

國家圖書館出版品預行編目資料

壇經講記 / 釋繼程著. -- 初版. -- 臺北市：法鼓文化, 2017. 04
面； 公分
ISBN 978-957-598-746-6（平裝）

1.六祖壇經 2.注釋

226.62 106003072